Presenta

ISBN 978-1-4507-4066-1
Impreso en E.U.A.
Printed in the U.S.A.
Primera edición: septiembre 2010.

Mercadotecnia Evolutiva

Estrategias fáciles y efectivas para aumentar tus ventas, crecer tu negocio e incrementar tus ganancias como nunca antes.

POR EL EXPERTO EN PUBLICIDAD Y VENTAS:

CARLOS FLORES

Un libro de la serie:

DEDICATORIA

A Dios, por haber puesto todas las piezas correctas en mi vida para escribir este libro.

A mi esposa Tanya, quien con su apoyo y amor incondicional me ha dado aliento día con día para que este libro se llevara a cabo. Sobre todo, por la paciencia y fe que al igual que yo ha puesto en este proyecto y todos los que vienen con el.

A mis padres, quienes con su ejemplo aprendí la lección más importante de mi vida: nunca darme por vencido. A mi mamá Susana, de quien aprendí desde niño que al igual que ella algún día quería llegar a ser dueño de mi propio negocio. A mi padre Crisóforo, de quien aprendí todo lo que se del fascinante mundo de las ventas y de los negocios.

A mis hermanos, Claudia y Cesar, quienes han sido mi brazo derecho y mi apoyo para seguir cuando ya no podía andar por mi mismo.

A mis clientes y amigos, quienes me han dado el privilegio de trabajar con y para ellos, dándome la oportunidad de aprender mucho de lo que está escrito en este libro.

Por último, a mi beba quien viene en camino y está por llegar en unas semanas. Tu mamá y yo, tus abuelitos, tus tíos y tías y el resto de la familia te esperamos con mucha alegría para darte todo nuestro amor. Gracias a Dios por ponerte en nuestras vidas en este momento. Tu llegada ha sido una gran motivación para realizar este libro. Espero que en unos años cuando aprendas a leer, leas esta dedicatoria y sepas lo mucho que te queremos, auque solamente te conocemos por el ultrasonido y por las paladitas que le das a tu mami.

Carlos Flores

INDICE

Nota personal del autor.

¿POR QUÉ Y PARA QUIÉN ESCRIBÍ ESTE LIBRO?

En los años que tengo trabajando con empresarios me he dado cuenta de que siempre tienen la espinita enterrada de encontrar alguna manera o maneras para aumentar las ventas de sus negocios. Pero a pesar de que quieren hacer "algo" para aumentar sus ventas, generalmente están demasiado ocupados pensando en pagar la nómina, hacer inventario, procesar ordenes, entre cientos de otras tareas que vienen incluidas con el paquete de ser emprendedor.

Las ventas son el motor principal de todo negocio, simple y sencillamente porque sin ventas no habrá dinero para pagar la nómina, ni habrá capital para invertir en inventario, y definitivamente no habrán ordenes para procesar.

Este libro fue escrito porque muchos empresarios a pesar de tener las ganas o el capital para invertir en mercadeo, muchas veces no cuentan con una guía que los lleve paso a paso durante el proceso.

Esta obra fue escrita para todo empresario, autoempleado, vendedor y gerente de mercadeo interesado en aumentar sus ventas y que quiere llevar su empresa a ser la número uno en su ramo.

Después de trabajar por años asesorando a empresarios, y después de haber implementado exitosamente las estrategias escritas en este libro, muchos de ellos comenzaron a hacerme una petición que cada vez se volvió más común: "Carlos, ¡dame más ideas!"

Este libro es una compilación de ideas y estrategias que he utilizado con mis clientes, así como con mis propios negocios. Estas páginas también incluyen ideas que otras compañías han utilizado como parte de su estrategia para alcanzar el ÉXITO TOTAL.

Este libro también fue escrito porque a pesar de que las ventas de todo negocio son la fuente principal para su crecimiento, desgraciadamente son muy pocos los libros que se han escrito para guiar y entrenar a los emprendedores en el tema del mercadeo. Muchos empresarios suelen confundir el término "marketing" o mercadeo con el termino "publicidad", y aunque la publicidad es una parte del mercadeo, es solamente una pieza muy pequeña dentro de todo el proceso.

Querido emprendedor o emprendedora, este libro es para ti. Te invito a que abras tu mente porque lo que estás por aprender en las siguientes páginas, puede transformar radicalmente tus ventas, y puede hacer una enorme diferencia en tu negocio y tus ganancias.

Carlos Flores

INTRODUCCIÓN

Para muchos empresarios parace como un sueño el lograr que sus negocios prosperen en tiempo de crisis, pero no tiene que ser solamente un sueño. La verdad es que tú como empresario o empresaria, no te lanzaste a la aventura de ser un emprendedor o emprendedora solamente para sobrevivir, sino para prosperar y alcanzar la riqueza financiera con la que siempre soñaste. La fórmula es simple pero no fácil: ofrece un excelente producto o servicio, precios razonables y por último.... promuévelo, promuévelo, y promuévelo. De nada sirve que tengas el mejor negocio de la ciudad, si la gente no sabe de su existencia.

"Es que ya tengo 15 años aquí y no necesito promoverme porque ya la gente me conoce. La crisis está difícil pero ahí la llevo." Es una frase común que escucho de muchos empresarios. Ese es el pensamiento del comerciante que no ve más lejos de la puerta de entrada de su negocio. La verdad es que así como hay muchísimos negocios en crisis que cada día sufren por sobrevivir, también hay muchos emprendedores visionarios, que saben que en muchos casos, los momentos de crisis económica son el mejor tiempo para abrir un negocio. Y no solamente tienen esa visión, sino que ofrecen productos o servicios nuevos, traen ideas frescas al mercado, se preocupan por ofrecer el mejor producto, al mejor precio, proveen un excelentísimo servicio al cliente, para así poder hacer a un lado a todos esos negocios que han estado en la comunidad por 10 o 15 años y quedarse con sus clientes.

Tal vez ese cliente que pensabas te sería leal toda la vida, un día pasó por aquel negocio (tu competencia) y como era nuevo y bonito, entró solamente a dar un vistazo. Y sucede exactamente lo que sucedió aquel entonces cuando ese cliente entró por primera vez a tu negocio, le dieron un mejor producto, un mejor servicio y compró. Ese cliente se fue para jamás regresar.

En cualquiera de los dos casos, si estás comenzando con tu negocio, o tienes años con él, ya sea que estés pasando por una situación de crisis o tu negocio esté prosperando, es indispensable e inteligente promoverlo.

Si estás comenzando con tu negocio, el ponerte frente a los ojos de prospectos te ayudará a crear mas conciencia de su existencia. Y si tu negocio lleva años en el mercado, si te promueves constantemente tus clientes y prospectos lo verán como un lugar que cuenta con la experiencia necesaria, pero que no se ha quedado atascado en el tiempo y sigue ofreciendo productos y servicios frescos.

Conforme leas este libro, aprenderás técnicas económicas y algunas gratuitas para promover tu negocio. Así que el no tener capital no es excusa.

Este libro está dividido en dos partes. La primer parte abarca el paradigma de la mercadotecnia evolutiva. La segunda parte abarca un listado de ideas y estrategias de mercadeo y ventas que puedes utilizar para aumentar tus ventas. Es de vital importancia que antes de leer la segunda parte, leas la primera. La primer parte te dará las bases para que tus estrategias de mercadeo sean efectivas. Así que si piensas dejar la teoría para después y comenzar con la segunda parte, debes saber que el 95% de los negocios que fracasan es por no contar con la información correcta. Esta primer parte es esencial para el éxito de cualquier empresa. Así que invierte el tiempo para leerla, aprenderla y llevarla a la práctica.

Recuerda que si tú no haces lo necesario para atraer nuevos clientes ¿quién lo va a hacer?

Adivinaste, tu competencia. O será mejor decir, ¿tu incompetencia?

PRIMERA PARTE.
EL PARADIGMA DE LA MERCADOTECNIA EVOLUTIVA.

"Dejar de hacer publicidad
para ahorrar dinero,
es como dejar de respirar
para ahorrar aire."
Carlos Flores

QUE ES MERCADOTECNIA EVOLUTIVA

El paradigma de la mercadotecnia tradicional se ha caracterizado a través de los años por ser un proceso externo. No es raro que muchos empresarios al pensar en el término "mercadotecnia" piensen en publicidad, crear un logotipo para su negocio, y tener una página en el internet. Y aunque los puntos anteriores son una parte importante de la mercadotecnia, son solamente una pequeña parte de todo el proceso.

La mercadotecnia evolutiva va un paso más allá de la mercadotecnia tradicional. La mercadotecnia evolutiva, al contrario de la mercadotecnia tradicional, es un proceso que comienza desde el interior del negocio, y termina con los factores externos, tales como la imagen y la publicidad.

Imagina que estás en un torneo de tiro con arco. Para que logres dar en el blanco necesitas de varios elementos: primero necesitas una visión clara de donde quieres pegar, un arco fuerte que lance la flecha con velocidad, una flecha ligera que pueda alcanzar una gran distancia, y una punta en la flecha lo suficientemente filosa para que se clave en el blanco.

Poniendo nuestro tema en el mismo contexto, la mercadotecnia tradicional solamente se enfoca en dos puntos: el blanco en el que intentas pegar (el mercado), y la flecha con la que pegarás en el blanco (estrategias de publicidad e imagen).

Pero que sucede si no cuentas con una visión clara del blanco al que quieres llegar, o que sucede si no cuentas con un arco lo suficientemente fuerte que lance la flecha con rapidez.

La mercadotecnia evolutiva es un proceso que puede ayudar a cualquier empresa, sea grande o pequeña, a crear sistemas de mercadeo poderosos que empiezan su función desde el interior de la empresa, y que la pueden llevar de la mano a tener un constante crecimiento en el transcurso de los años.

La mercadotecnia evolutiva también puede ser aplicada efectivamente por vendedores independientes, auto empleados, gerentes de mercadeo y gerentes de ventas.

Mercadotecnia evolutiva te ayudará a tener una visión más clara del blanco al que quieres llegar, te dará las herramientas para lanzar tu flecha con fuerza, y logrará que la punta sea tan filosa que quedará hundida en el blanco.

La mercadotecnia evolutiva es un sistema que consiste de 5 pasos. Cada paso se explica a detalle en los siguientes capítulos, pero por ahora quiero darte una vista general de lo que estarás leyendo en las siguientes páginas.

El crear un negocio exitoso es similar a construir un rascacielos. Para que el rascacielos sea sólido necesita estar bien cimentado. De igual manera, la base de todo negocio es de vital importancia para que logre crecer y aumentar sus ventas.

La base de toda empresa son sus sistemas. Los sistemas son todos aquellos procesos por los cuales su producto o servicio llega al cliente. Los sistemas también son lo que genera una experiencia de compra, y una relación post-compra con el cliente.

El segundo punto es la identidad del negocio. No se trata solamente de los elementos gráficos tales como un logotipo o eslogan, se trata de todos los factores que diferencian a tu empresa del resto y que convierten sus producto y servicios en algo único.

El tercer aspecto de la mercadotecnia evolutiva es la planeación. Al tener un plan se crean una serie de pasos a seguir que harán del proceso de mercadeo más fácil de llevar.

Después de planear sigue ejecutar el plan. Al momento de ejecutar el plan se debe asegurar que se siguen con los sistemas que se crearon, se debe llevar uniformidad en la imagen del negocio, y se debe proceder conforme lo planeado.

El último paso para cerrar el ciclo de ventas es evolucionar. Al evolucionar se evalúa, mejora y repite el proceso de la pirámide del mercadeo.

Quiero que tomes unos segundos para ver y analizar la gráfica en la página número 25. Lo interesante de esta gráfica es que precisamente muchos empresarios corren sus negocios al revés. La base de sus negocios es siempre tener ventas, y este factor al ser el más débil de la pirámide, les impide crear sistemas, tener una identidad, planear, ejecutar y evolucionar.

Marketing, publicidad, mercadeo, mercadotecnia... muchas veces estos términos suelen ser confundidos, y por serlo terminan siendo olvidados por muchos empresarios. El marketing, o mercadotecnia, es todo lo que tus prospectos y clientes ven y escuchan de tu negocio. El "marketing" tradicional incluye un logotipo, eslogan, código de vestimenta, decoración interna de tu negocio, apariencia externa de tus instalaciones, la manera de contestar el teléfono y el mensaje en la grabadora, tu website, una firma personalizada en tu email, un plan de referidos, en fin la lista sigue.

La publicidad, ya sea en radio, televisión, internet, revistas, periódicos, volantes, o pancartas, es solamente una parte del proceso de mercadeo.

Muchos empresarios tienen la noción que el marketing es un simple juego de azar. Pero aunque es casi imposible predecir con exactitud los resultados del proceso de mercadeo, la Mercadotecnia Evolutiva hace que el proceso se asemeje más a un juego de estrategia, como el ajedréz.

Mercadotecnia Evolutiva es un proceso que nunca termina. Como su nombre lo dice, Mercadotecnia Evolutiva es un proceso que requiere de una constante transformación. Esta transformación nunca termina. El mercado cambia, los gustos y necesidades del consumidor cambian, por lo tanto el proceso de Mercadotecnia Evolutiva hace cambiar a los negocios para satisfacer las nuevas necesidades de sus clientes. Mercadotecnia Evolutica es un proceso que se planea con anticipación, pero es un proceso que nunca tiene un final. Este proceso de mercadeo le permite a tu negocio crecer a pesar de los cambios del mercado, y te permite tener un rol pro activo en tu negocio, en lugar de solamente reaccionar a

Mercadotecnia Evolutiva

| VENTAS |
| Evolución |
| Ejecutar estrategias |
| Crear estrategias |
| Crear una identidad |
| Crear sistemas |

El paradigma de la Mercadotecnia Evolutiva le ayuda a tu empresa a crecer aplicando un sistema que comienza desde adentro: creando sistemas, creando una identidad, creando estrategias, ejecutando estrategias y evolucionando.

La realidad de muchas empresas

Evolución

Crear estrategias

Ejecutar estrategias

Crear una identidad

Crear sistemas

VENTAS

Muchas empresas son llevadas de la manera contraria. El enfoque que llevan es siempre conseguir ventas, pero al no tener las bases de la Mercadotecnia Evolutiva, la empresa llegará al punto de estancamiento.

los cambios del mercado.

Mercadotecnia Evolutiva es un proceso que requiere de compromiso. Las compañías exitosas se comprometen a contratos de publicidad trimestrales, semestrales y anuales. De esta manera, cada trimestre pueden publicitar los productos que mejor se venden en cada temporada. Al comprometerse, se aseguran de que el nombre de su compañía será visto por clientes actuales y prospectos de manera contínua, lo que eventualmente generará mayores ventas.

Mercadotecnia Evolutiva es un proceso de repetición. Al igual que una planta, el mercadeo requiere de alimento diario. Si plantas una semilla, y la riegas por unas semanas, seguramente brotará una planta. Pero si dejas de regar esa planta, seguramente al paso de unos días morirá. Lo mismo sucede con el mercadeo. El proceso de mercadeo debe ser constante. Al igual que la planta, requiere de alimento diario. Si detienes tu plan de mercadeo trimestral a una semana de haber comenzado porque no ves resultados, seguramente habrás perdido tu tiempo y tu dinero. Al igual que la planta, el marketing toma tiempo para generar resultados. Paciencia y compromiso son la base para un plan de marketing exitoso.

Mercadotecnia Evolutiva es un proceso que debe dirigirse también a tus clientes actuales. Muchos empresarios piensan que el proceso de mercadeo solo debe ser pensado para atraer nuevos clientes. Este es uno de los más grandes errores cometidos en el proceso de mercadeo. Para la gran mayoría de negocios, es más económico mantener a un cliente contento que atraer clientes nuevos. Esto significa que una gran parte del presupuesto y tiempo invertido en los esfuerzos de mercadeo deben ser invertidos para retener a los clientes actuales.

Mercadotecnia Evolutiva es una inversión. Un plan de mercadeo, acompañado de buenos productos o servicios, y precios justos es lo que hace crecer a las compañías. Si tienes un buen producto o servicio y ofreces precios justos, pero no cuentas con un plan de mercadeo, la ecuación no está completa. Tu negocio está descalificado para crecer. Pongámoslo de manera visual:

Buen producto o servicio + precios justos + plan de mercadeo
= CRECIMIENTO.

Si no buscas de manera constante el crecimiento de tu negocio, lentamente y sin darte cuenta lo estás poniendo al borde del desastre. He conocido muchos empresarios que después de años de haber trabajado tienen que cerrar su único local por no haber expandido o diversificado su negocio en los momentos de abundancia. A ellos no les faltaron las ganas de trabajar, o un buen producto o precios justos. Lo que les faltó fue visión y una estrategia de crecimiento. Muchas veces son víctimas de su propio conformismo. Piensan... "No, ¿para qué abro otro local?, así estoy bien". Otras tantas veces son víctimas del miedo que su propia ignorancia les genera, miedo de experiencias pasadas o de las noticias alarmistas que ven y escuchan. El arrepentimiento de no haber crecido su negocio llega con el tiempo.

Sin embargo, también existe un sinnúmero de empresarios que gracias a su visión, pudieron sobresalir problemas de gran magnitud gracias al haber expandido su negocio cuando pudieron. Por ejemplo, a una de mis clientas se le incendió uno de sus locales (uno de los negocios de mayor reconocimiento y prestigio en su rama en la ciudad), después de haberlo comenzado con muchísimo trabajo y sacrificio. Pero gracias a que mi clienta y su esposo habían tomado acción y expandieron su negocio cuando tuvieron la oportunidad, al momento del incendio ya tenía otras 2 localidades abiertas, las que le permitieron seguir adelante. Hoy en día sus negocios siguen creciendo y prosperando.

¿Te imaginas en esta situación?. Imagínate que alguna tragedia similar sucediera en tu negocio y tuvieras que empezar de nuevo. Posiblemente tu negocio cuenta con una póliza de seguros contra incendios, pero el dolor de seguir adelante es menor si tienes una base más grande que te sostenga. Este libro te ayudará a expandir tu visión y encontrar maneras que te pueden ayudar a crecer tu negocio. ¡Así que haz lo posible por expandir tu negocio mientras puedes!

Mercadotecnia Evolutiva es ser distinto a los demás. Una estrategia de mercadeo es lo que le abre las puertas a tu negocio para dejarle saber al mundo que es distinto a los demás y único en todo sentido. Y no es solamente ser distinto en nombre, en logotipo, o en la imagen de tu negocio. Es ser distinto en tus productos o servicios.

Mercadotecnia Evolutiva es introducir ideas distintas, revolucionarias, tal vez un tanto locas y fuera de la norma. Es importante que sepas los aspectos que hacen distinto a tu negocio de los demás, y si no tienes cosas nuevas que ofrecer y tu negocio es un clon de otro (como suele suceder con demasiada frecuencia) entonces, dedica el tiempo e invierte el dinero para crear algo que te diferencíe. La forma de publicidad más afectiva y más económica siempre ha sido pasar la voz, que la gente escuche de tal producto o de tal empresa porque alguien más le dijo. Pero para que esto suceda debe existir un factor que te haga distinto a los demás.

Por ejemplo, hace unos meses la compañía de computadoras Apple lanzó un producto totalmente nuevo en el mercado: el iPad. Este producto es algo similar a su teléfono celular, el iPhone, pero con la capacidad de procesamiento y tamaño de una computadora portátil. Este producto no es una computadora portátil, ni es un teléfono celular gigante; es una mezcla de ambos. El iPad es un producto que no se había visto en el mundo de la computación ni de la telefonía móvil. Lo interesante de este producto, es que millones de personas sabían de su existencia (y estaban dispuestas a comprarlo) meses antes de que se comenzara oficialmente su campaña publicitaria. Al día de su lanzamiento oficial, 300 000 personas ya habían comprado por adelantado el producto. El secreto detrás del éxito del iPad es simple, y es a la vez lo más complicado en el arte-ciencia del mercadeo, el producto es totalmente distinto y superior a todos lo demás.

Otro ejemplo es la cadena de restaurantes Chipotle Mexican Grill. A solo unos años de su lanzamiento en 1993, hoy en día cuenta con más de 900 restaurantes al rededor de Estados Unidos. La razón para su éxito: se enfocaron en un producto en el que ningún otro restaurante Mexicano había visto potencial: burritos. Esta cadena de restaurantes ofrece comida hecha con productos de la más alta calidad, ingredientes frescos, una decoración única y un excelente servicio. A parte de que puedes estar sentado en tu mesa disfrutando de tu comida después de un par de minutos (o menos) de haberla ordenado.

Apple y Chipotle dejaron a la competencia atrás ofreciendo al cliente toda una experiencia que no puede ser disfrutada en ningún otro lugar. Esta es la importancia de tener o crear ese "algo" que te haga diferente. Si puedes encontrarlo y pones tu plan de marketing a trabajar, seguramente el éxito tocará a tu puerta.

Mercadotecnia Evolutiva es como ir al gimnasio. Supongamos que tienes 40 libras de más y quieres deshacerte de ellas. Para lograrlo es indispensable un plan de ejercicios y un plan de alimentación. Para que ambos planes funcionen, debes cumplir con cada sesión de ejercicios, y cumplir con cada comida. Un plan de marketing funciona de manera similar. Para que un plan de mercadeo origine los resultados que deseas, debes asegurarte que tú y tu equipo cumplan al pie de la letra con el plan que desarrolles. Es cuestión de disciplina, compromiso y paciencia. Al igual que un plan de pérdida de peso, un plan de marketing no te ofrece resultados de la noche a la mañana. Supongamos que tu plan para perder esas 40 libras es por 6 meses, pero no ves resultado al segundo mes y te rindes y decides no seguir. Entonces dos cosas van a suceder: vas a ganar de regreso el peso que has perdido (y posiblemente un poco más), y el tiempo y dinero que invertiste fueron un gasto totalmente innecesario porque no conseguiste tu objetivo.

Seguir tu plan de marketing al pie de la letra, continuarlo por el tiempo que estipules, y llevar un registro (como se explica en el siguiente punto) de los resultados que te origina es esencial para que tu plan sea un éxito.

Mercadotecnia Evolutiva requiere de un registro de resultados. Entonces que pasa si comienzas tu plan de mercadeo pero no hay resultados. ¿Debes renunciar al plan? La respuesta es definitivamente NO.

Es importante llevar un registro desde antes que comiences a llevar a cabo tu plan de mercadeo para que te des una idea de que te da resultados y que no. Este registro debe llevarse de manera diaria, semanal, quincenal, mensual y trimestral. Una vez que tengas esas cifras, al final del mes o de la semana tendrás una mejor idea de que ha dado resultados, y podrás hacer ajustes a tu plan. También es importante llevar el registro de tus gastos en artículos y productos promocionales para poder determinar cual es el costo para obtener nuevos clientes. Es importante saber esta cifra para evitar que tus gastos en promoción te hagan perder dinero. Después de comenzar su estrategia publicitaria muchas compañías rompen sus propios records en ventas, pero al final del mes terminan perdiendo dinero porque el costo de la obtención de nuevos clientes sobrepasa las ganancias. Recuerda que si este es el caso, la mejor opción sigue siendo modificar tu estrategia sin abandonarla.

Mercadotecnia Evolutiva es pensar en términos de tu cliente. Tengo un amigo que compró un hermoso perro Labrador hace unas semanas. El perro tenía 2 años de edad a la fecha que mi amigo lo compró, por lo que ha sido todo un reto entrenarlo y hacerlo cambiar de hábitos. A mi amigo le fascina el pay de limón, puede comer este postre todos los días de la semana y no se fastidia de seguirlo comiendo. Un día trató de darle una enorme rebanada de pay al perro, para ver si de esta manera se ganaba con más facilidad su amistad. El perro se acercó a ver que rayos hacía esa enorme cosa verde en su plato, lo olfateó, ladró un par de veces, se dió la vuelta y se fue a hacer "pipí" en la alfombra, sin siquiera haber probado el pay. Esto obviamente frustró más a mi amigo.

Lo que le sucedió a mi amigo con su mascota es un reflejo de lo que a muchos empresarios les sucede con sus clientes. Muchos empresarios abren sus negocios y ofrecen servicios y productos sin detenerse a pensar un minuto en lo que sus prospectos quieren y necesitan. Por ejemplo, hay cientos de negocios cuyo nombre tiene un significado especial para el dueño, pero que no refleja en lo más mínimo el interés, gustos o cultura de los prospectos. Hay tiendas que ofrecen productos económicos, pero debido a la decoración incorrecta o forma del logotipo, terminan espantando a los prospectos porque tienen la noción que los productos son demasiado caros. También hay negocios pensados para la mujer, pero que terminan atrayendo a hombres porque la selección de colores en la decoración o el logotipo no son los adecuados.

De igual manera, hay centenares de tiendas, despachos de abogados, clínicas, oficinas de bienes y raíces, estéticas, y toda clase de negocios cuyos dueños crean una imagen para su negocio que refleja sus propios gustos y no los de sus clientes. Muchas veces este simple factor puede determinar el éxito o fracaso de tu negocio. He tenido clientes que ofrecen excelentes servicios y productos, a un excelente precio y que están dispuestos a invertir tiempo y dinero en marketing, pero que el nombre y la imagen del negocio simplemente no es atractivo para sus prospectos. Muchas veces un cambio de nombre e imagen pueden salvar a estos negocios, pero de igual manera muchas veces los dueños no están dispuestos a salir de su zona de confort porque el nombre o los colores tienen un significado demasiado grande para ellos.

Mercadotecnia Evolutiva son tus precios. El arma silenciosa para lograr un plan de mercadeo efectivo es tu lista de precios. ¿Ofreces precios más económicos o más caros que tu competencia? ¿Ofreces algún tipo de descuento, facilidades de pago, apartado, financiamiento, renta? Hoy en día es más importante que nunca poder ofrecer este tipo de facilidades a tus clientes, quienes muchas veces solamente las encuentran en las compañías grandes. Es por esto que los consumidores cada vez ponen menos atención a los negocios pequeños. Las grandes compañías saben de la efectividad que tiene el ofrecer flexibilidad en sus precios para generar más ventas. Ahora es tu turno y tomar ventaja de estrategias simples pero que te pueden generar enormes ganancias si las implementas.

Mercadotecnia Evolutiva requiere de una combinación de proyectos, no solamente la ejecución de uno solo. Si contratas un diseñador gráfico para que diseñe un logotipo profesional para tu negocio, estás haciendo marketing. Si entrenas a tus empleados para que presten un buen servicio al cliente y cierren ventas, estás haciendo marketing. Si estableces un código de vestimenta o uniforme para tus empleados, estás haciendo marketing. Si corres un anuncio en el periódico para promover tus productos, estás haciendo marketing. Cada estrategia por separado tendrá su pequeño impacto en tus venta, pero si contratas un diseñador gráfico para hacer tu logo, website, tarjetas de presentación, folletos, volantes, pancartas e imagen de tu negocio, y te aseguras que tus empleados presten un buen servicio al cliente y estén propiamente (y constantemente) entrenados para hacer ventas, les provees tarjetas de presentación, folletos y demás material promocional, los vistes con un buen uniforme, haces publicidad en periódicos, televisión e internet y te aseguras que la imagen que tu diseñador creó para tu negocio es constante en todos los medios, entonces estas haciendo una mega bomba de mercadeo que hará que tu comunidad preste atención a tu negocio y de seguro elevará tus ventas de manera significativa.

El elaborar una estrategia de mercadeo requiere un proceso metódico para planearlo, y de la misma manera, requiere que se ejecute metódicamente. Los requerimientos para que el plan de resultados son: tiempo, disciplina, y compromiso. Nota que "dinero" no está dentro de la ecuación, por lo menos no siempre. Lo que he encontrado es que para muchos empresarios la parte más difícil es disciplinarse; dedicar un número de horas al día, a la semana o al mes exclusivamente para hacer las labores de mercadeo.

Si tenías la idea de que hacer marketing costaba mucho dinero, estás en lo incorrecto. De hecho, sucede lo contrario, si no tienes un plan de mercadeo precisamente es lo que terminará por hacerte perder dinero. El no tener material promocional como tarjetas de presentación o trípticos, el no tener una página en internet, el que la gente no te vea en anuncios publicitarios terminará costando mucho más dinero del que se puede invertir en primer lugar para crear un plan de mercadeo. Si sigues pensando que el marketing te va a salir muy caro, te puedo asegurar que el no hacerlo te va a salir mucho, mucho más caro.

Mercadotecnia Evolutiva es demasiado importante. Para finalizar este primer capítulo y entrar en materia, debes saber que el marketing es demasiado importante para tu negocio, como para que no la pongas en práctica. Hace unos días fui a comer con mi esposa a uno de nuestros restaurantes favoritos. Este sitio es una joya en la ciudad, la comida que ofrece es riquísima, sus ingredientes son frescos, ofrecen precios justos y un buen servicio. Algo que me ha llamado la atención de este restaurante, es que en los años que hemos sido clientes del lugar nunca hemos visto más de 2 mesas ocupadas, cuando el restaurante ofrece cupo para 10. Al comer mi platillo pensé... "si ofrecieran algún tipo de descuento, si distribuyeran menús a los vecinos de la zona, si ofrecieran paquetes para fiestas, si decoraran con posters de sus platillos...si hicieran ALGO, este negocio sería otra cosa muy distinta a lo que es ahora". Curiosamente, en el tiempo que hemos sido clientes de este restaurante, solamente hemos visto un par de veces al dueño en el lugar. Sin duda alguna, si el dueño no agarra el toro por los cuernos, su restaurante está indudablemente condenado a estancarse, o en cuestión de un tiempo fracasar.

No solamente sucede esto con restaurantes, sucede con

concesionarias de autos, hoteles, tiendas, en fin, con todo tipo de negocios. Algo sucede en la mente de los dueños que los hace olvidar todas las ganas y la motivación que sentían al momento que comenzaron su negocio. Para la mayoría de empresarios, su negocio ha sido un sueño hecho realidad después de mucho trabajo y sacrificios. Pero por alguna razón, después de todos estos sacrificios muchos empresarios dejan de soñar y empiezan a conformarse con lo que tienen, cuando siempre es posible llegar mucho más alto.

Quiero invitarte a soñar de nuevo, a que recuerdes que fue lo que te motivó a empezar con tu negocio. En el comienzo, seguramente tenías una visión de a donde querías llegar. ¿Ya estás ahí? Si no has llegado, este libro te ofrece la oportunidad de pensar en estrategias nuevas. Tal vez lo que has hecho en el pasado no ha funcionado, si ha sido así entonces aquí aprenderás muchas técnicas que harán una gran diferencia para tu negocio. Si has tenido éxito en tu estrategia, este libro te dará nuevas opciones para que puedas implementar nuevas ideas dinámicas y que de igual manera harán una gran diferencia.

Si has cumplido con tus objetivos, ¡felicidades!, ahora es tiempo de volver a soñar. No hay nada más peligroso para una mujer u hombre de negocios que conformarse con el lugar donde está.

Te invito a que uses las estrategias que aquí se te presentan. Si al leer el libro piensas que lo que estas leyendo en el momento no aplica para tu negocio y quieres brincarte la página, no lo hagas. Lee, analiza y guarda en tu memoria cada estrategia. Si no le ves sentido en el momento, es muy posible que después en unas semanas o días le encuentres una aplicación práctica.

2

CREANDO SISTEMAS

Hay una gran cantidad de negocios que lanzan campañas publicitarias y que terminan de cualquier manera fracasando. También hay negocios que se quedan estancados en sus mismas cifras de ventas cada mes, año con año. Hay otros negocios que entran en el famoso ciclo de: "no hago publicidad porque no genero las suficientes ventas, y no genero las suficientes ventas porque no hago publicidad".

Todo negocio cae en alguna ocasión dentro de este ciclo. Estar en cualquiera de estas situaciones genera una enorme frustración, miedo, y genera pensamientos similares a: "es que la economía", "es que el país", "es que el presidente", entre otros similares.

Para que un negocio salga de cualquiera de estos ciclos es indispensable parar y crear sistemas internos que corran el negocio en piloto automático. Un sistema es básicamente un proceso, o una serie de procesos que se aplican para llevar a cabo las tareas a realizar en tu negocios.

Es también sumamente indispensable crear sistemas antes de invertir tiempo y dinero en publicidad. De nada te servirá gastar, miles, cientos de miles o millones de dólares que te generen nuevos clientes, si no cuentas con este tipo de sistemas.

Estos sistemas tienen varios propósitos:
1. Crear procesos para atender a tus clientes
2. Capturar la información de tus clientes
3. Lograr que tus clientes sean leales y generen referidos

Al crear sistemas logras que tu negocio funcione como una maquina automática, cada pieza tiene una función específica, y si una de esas piezas se descompone o rompe, será fácil reemplazarla ya que cuentas con las medidas, funciones y características que debe tener para poder reemplazarla.

Estos sistemas deben ser duplicables y mensurables. Al ser duplicables alguien más podrá llevarlos a cabo cuando se necesite, y al ser mensurable podrás saber con exactitud que estrategias de mercadeo y personas dan los mejores resultados.

Imagina que tu empresa es una máquina y que cada persona que trabaja en tu negocio en ella es una pieza de esa máquina. Analiza los pasos que tú y tu personal deben llevar a cabo. Escríbelos y crea una lista de esos pasos. En conjunto, esos pasos serán los sistemas que deberás implementar para que tu negocio sea una máquina que corra en piloto automático.

COMO LOGRAR QUE TUS CLIENTES ACTUALES REGRESEN (Y TE RECOMIENDEN)

Hay negocios que cada mes pierden cantidades tremendas de dinero por dejar de estar frente a los ojos de sus clientes. Supongamos que vas al taller mecánico a hacer un cambio de aceite para tu auto. Te atienden bien, hacen un buen trabajo, te ofrecieron un precio justo, pagaste y te fuiste, pero jamás volviste a ver o escuchar de este sitio, ni volviste a ver la cara de la persona que te atendió. ¿Regresarías al mismo lugar para tu próximo cambio de aceite? Las posibilidades son que en el futuro encuentres otro lugar donde te ofrezcan un mejor precio, algún tipo de promoción o simplemente que esté más cercano a tu casa o lugar de trabajo. Pero que pasaría si unos días después de haber ido por tu cambio de aceite, recibes una carta firmada por el gerente del lugar agradeciéndote por haber hecho tu cambio de aceite en su negocio, y para agradecerte te envía adjunto unos volantes de descuento para tu próximo cambio de aceite y otros servicios que tu auto pueda necesitar. Entonces muy posiblemente, regresarás al mismo lugar sabiendo que recibirás el mismo buen trato, precios justos y que harán un buen trabajo en tu auto.

Lo esencial para estar en constante contacto con tus clientes es que una vez que ponga un pie fuera de tu negocio, recuerden que tu negocio tiene las puertas abiertas para satisfacer futuras necesidades y recordarles constantemente que estás para servirle.

Crea una base de datos. Lo básico para lograr estar en contacto constante con tus clientes es crear una base de datos. Una base de datos es en esencia una lista de tus clientes, en la que almacenas información vital tal como su nombre completo, dirección de su casa o negocio, correo electrónico, número de teléfono y detalles sobre sus compras. El tener esta información te permitirá estar en constante contacto con tu cliente, ya sea por correo directo, teléfono o correo electrónico. Para crear una base de datos existen varias alternativas que puedes utilizar. Una de las más comunes es Microsoft Outlook, que muchas veces viene pre instalado en computadoras nuevas. Sin embargo, Microsoft Outlook es una excelente opción para crear una base de datos personal, pero si cuentas con un equipo de personas de soporte existen otras alternativas que se pueden adaptar a tu negocio y las puedes encontrar en CarlosFlores.net/socios. Otras opciones funcionan como base de datos de clientes, agenda, calendario y lector de correo electrónico. Estas opciones te permiten llevar un control de las ventas realizadas y te permiten ver por medio de gráficos un pronóstico de tus ventas futuras.

Existen también opciones en línea, que te permiten acceder la información de tus clientes por medio del internet, por lo que no tienes que instalar ningún tipo de programa en tu computadora. Estas opciones son fáciles de usar y te ofrecen la posibilidad de guardar información detallada de tus clientes, como fechas de cumpleaños, aniversario de bodas, nombre de su cónyuge e hijos, lugar de origen, etc. ¿Te imaginas que tu restaurante favorito te enviara un cupón de descuento en el día de tu cumpleaños para que festejes con tus familiares o amigos? Posiblemente irías a festejar y llevarías a la mayor cantidad de gente posible para que pasen un buen rato. Este es el poder de tener una base de datos.

Nota para los tecnofóbicos. Si piensas brincarte esta sección del libro porque le tienes miedo a las computadoras, permíteme decirte algo: ¡BIENVENIDO AL SIGLO XXI! Si no tienes una computadora, te sugiero que corras a la tienda de electrónicos más cercana y compres una. No tienes que gastar una fortuna, hoy en día una computadora con configuración básica te servirá para echar a andar una base de datos, solamente asegúrate (preguntando a alguien especializado en computadoras en la tienda, no asumas nada si no conoces del tema) que la computadora incluye Microsoft Office y Microsoft Outlook. Si no sabes usar el internet, ni sabes que es eso del "www" o del ".com" cuando lo ves en los anuncios de televisión y te preguntas por que a la letra "a" le hacen un circulito alrededor que se ve chistoso y termina viéndose algo así como "@", te recomiendo corras a una escuela de computación y te inscribas lo antes posible.

Inscribe a tus clientes en tu base de datos. Regresando al tema, una vez que has decidido que programa usarás para crear tu base de datos, es tiempo de empezar a llenarla con la información de tus clientes. Para lograr esto puedes instalar una computadora al lado de tu caja registradora y ahí capturar la información de tu cliente. Puedes pedir a tu cliente su información a cambio de recibir un cupón de descuento (idealmente un buen descuento, si ofreces un 30% o 40% de descuento tus clientes te darán su información con una sonrisa en la cara) para su siguiente compra. Si la idea de capturar en el momento su información no te agrada, entonces puedes hacer un sorteo. Para que tus clientes participen deben dejar su tarjeta de presentación al pagar o registrarse en una forma de registro que tendrán que llenar a mano. Esta opción puede requerir un poco más de tiempo para capturar en la computadora la información de las tarjetas de presentación o de la forma, pero es de igual manera efectiva al momento de establecer nuevamente contacto con tus clientes. Si tu negocio acepta tarjetas de crédito, algunas compañías de procesamiento de tarjeta de crédito te permiten acceder la información de tus clientes que han hecho compras con su tarjeta de débito o crédito. Si tienes acceso a esta información, podrás importarla dentro de tu base de datos para después usarla conforme lo necesites. Consulta con tu compañía de procesamiento de tarjetas de crédito para detalles.

Si tu negocio procesa ordenes en línea, otra alternativa es importar la información de tus clientes que han hecho pedidos en tu website a tu base de datos. La mayoría de los websites creados con "shopping carts" o carritos de compra electrónicos le permiten al administrador de la página exportar y guardar la información de los clientes en diferentes formatos, los que puedes usar para importarlos a tu base de datos.

Consulta con tu administrador web para instrucciones.

Si tienes una página en internet pero no tiene la funcionalidad del "shopping cart", la alternativa es agregar una forma para que tus visitantes se registren automáticamente en tu base de datos para recibir correos electrónicos periódicamente. Los servicios en línea de bases de datos te permiten insertar una forma de suscripción en tu página de internet, lo que significa que una vez que se inscriban, su información quedará grabada automáticamente en tu base de datos. Si tu base de datos está almacenada en tu computadora, entonces puedes contratar servicios de envío de correos electrónicos en masa, los cuales te permiten crear formas para capturar la información de tus clientes por medio de una forma de subscrpción que puedes usar en tu página de internet. Para una lista de estos servicios visita CarlosFlores.net/socios

El primer contacto. El primer contacto que tienes con el cliente inmediatamente después de haber introducido su información a la base de datos es sumamente importante. Si tu cliente recibe de ti una llamada, carta, o email de 24 a 48 horas después de haber introducido su información a la base de datos, crearás conciencia en tu cliente que ha comenzado una relación entre él y tu negocio. Al tener un contacto rápido le dices a tu cliente que valoras su preferencia. Dependiendo de tu tipo de negocio, la forma de este primer contacto puede variar. Algunas de ellas son:

Carta firmada. La carta puede ser firmada por ti, por el gerente del negocio o el vendedor que atendió al cliente. Una carta personal firmada de puño y letra tiene un tremendo impacto. Al enviarle una carta firmada le das un sentir de importancia al cliente, le haces saber que valoras su patrocinio y que estarás ahí cuando te necesite para satisfacer sus futuras necesidades. El acto de escribir una carta personalizada y firmarla toma tiempo y esfuerzo, pero aumenta la apreciación que tu cliente tendrá de tu negocio. El usar la base de datos te permite imprimir cartas para tus clientes de manera rápida y te permite enviar una carta a cientos de clientes con solo unos "clicks" mediante su sistema de "mail merge" o sistema de combinación de correspondencia. Este sistema te permite imprimir la cantidad de cartas necesarias en cuestión de minutos sin tanto alboroto. Por ejemplo, si necesitas enviar una carta de agradecimiento a todos los nuevos clientes que atendiste hoy, puedes enviarles a todos una carta que tenga el mismo contenido, pero cada una de ellas tendrá el nombre y dirección correspondiente al destinatario. De esta manera, aunque todas las cartas sean iguales, cada una de ellas será personalizada teniendo el nombre de tu cliente impreso en ella. Al final del día puedes dedicar unos minutos a firmar las cartas o puedes insertar una firma electrónica. Para más informacion visita la sección de ayuda en tu procesador de texto o base de datos, buscando los términos "mail merge" o combinación de correspondencia.

Cupón o vale. Aunque es menos personal, el enviar cupones con descuentos o vales por productos o servicios gratis también es altamente efectivo. Esta estrategia funciona como un gancho para que tus clientes regresen. Si les das un descuento en un producto o servicio que ya conocen y gustan de él, indudablemente regresarán a tu negocio o recomendarán a otras personas. El cupón puede ser impreso en el tamaño de una tarjeta de presentación, esto te ahorrará dinero en costos de impresión y será cómodo para el cliente porque podrá cargarlo consigo fácilmente. La alternativa es un volante de mayor tamaño, si tu cupón o vale incluye varias ofertas.

Llamadas telefónicas. El usar una base de datos te permite crear una agenda de llamadas telefónicas. Si tu negocio lo corres solamente tú, tu base de datos te permitirá llevar un control de las llamadas telefónicas que haces a tus clientes y prospectos en el transcurso del año. De esta manera podrás ver el registro de todas las llamadas que has hecho en el pasado, para así determinar a cuales clientes tienes que llamar próximamente. De igual manera, te permite programar llamadas futuras. Si tienes que hacer seguimiento constante por teléfono a tus clientes, el tener una base de datos te permitirá llevar un buen control.

Por otro lado, si eres la cabeza de una organización, tu base de datos le permitirá a sus miembros atender a las necesidades de los clientes. Por ejemplo, si tu negocio es la venta de muebles, tu vendedor entrará la información de los nuevos clientes en la base de datos. Una vez realizada la venta, tu departamento de entregas recibirá una notificación para llamar a tu cliente y determinar el día de la entrega. Una vez hecha la entrega, tu asistente recibirá una notificación para enviarle una carta personalizada al cliente para agradecerle la compra. Una semana después, el departamento de servicio al cliente recibirá una notificación para llamarle al cliente por telefono y asegurarse que su compra ha sido satisfactoria. Un mes después, tu departamento de mercadeo recibe una notificación para enviarle por correo al cliente cada mes un volante con las ofertas especiales de la tienda. Un año después, el vendedor original recibe una notificación para llamar por telefono al cliente e invitarlo a que visite de nuevo la tienda y vea los nuevos muebles de temporada. El cliente visita de nuevo la tienda, hace otra compra y el ciclo comienza de nuevo. Este es el poder de tener una base de datos de tu clientela.

Correo electrónico. El email es también una excelente manera de estar en contacto constante con tus clientes. Existen servicios que te permiten enviar correos electrónicos en masa por un precio accesible. Esta es un arma sumamente eficaz ya que estos sistemas te permiten monitorear cuantas personas han recibido tus correos electrónicos, que personas los han abierto, y si tu correo tiene como objetivo hacer que los clientes visiten tu pagina de internet, te permite ver si los remitentes han hecho "click" a algún tema, producto o servicio de interés que promueves por medio de tu email.

Si piensas enviar correos electrónicos en masa es indispensable que uses este tipo de sistemas, ya que cuentan con una opción para que las personas puedan cancelar su suscripción a tus correos si así lo desean. De otra manera, si cometes el grandísimo error (como es bastante común) de usar tu dirección de correo personal o de trabajo para enviar correos en masa a tus clientes, lo más posible es que alguno de ellos quiera dejar de recibir tus correos y al no tener una opción para abandonar su suscripción, terminará marcando tu dirección de correo como "spam" o correo no deseado. Lo que esto ocasiona es que los servicios de email detecten tu dirección como "spamer" y terminarán por ponerte en su lista negra, lo cual significa que cuando envíes un correo electrónico a alguien, terminará recibiéndolo en su carpeta de correo no deseado o cancelarán tu cuenta. Para una lista de servicios de envío de correos electrónicos en masa visita: CarlosFlores.net/socios

3

CREANDO UNA IDENTIDAD

Parte del éxito en toda empresa es su imagen. Parte de esa imagen es el logotipo, los colores de su identidad corporativa, elementos gráficos, etc. Mercadotecnia Evolutiva enseña que lo más importante de la imagen de cualquier negocio, a parte de los aspectos visuales, es el tener una identidad propia en los productos y servicios que ofrece. Esa identidad es el poder crear factores que diferencien tu negocio del resto.

BRANDING

Parte esencial de la imagen de todo negocio, producto o servicio es el "branding" o marca, ya sea para tu negocio en general o para un determinado producto o servicio que ofreces. La marca es lo que le da identidad visual a tu empresa, producto o servicio, y es muchas veces el primer tipo de contacto que la gente tendrá con tu negocio. La marca es como un magneto que crea una conexión a nivel personal con tus clientes, y es el medio por el cual ellos se generán de manera subconsciente una idea a cerca de tu negocio, producto o servicio.

Lo importante de tener una marca bien desarrollada es que te identifica en los ojos de la gente y te diferencia de la competencia. Al momento de que alguien entra en contacto con tu marca, automáticamente entra en contacto con todo lo que tu compañía representa y tiene que ofrecer. Por ejemplo, cada vez que una persona entra en contacto con algún producto de la marca de cosméticos Mary Kay, automáticamente relaciona la marca con productos de belleza de alta calidad y precios accesibles. Por ejemplo, cada vez que tienes la oportunidad de ver el logotipo de las computadoras DELL, relacionas el logotipo con computadoras que ofrecen lo último en tecnología a precios económicos. Entonces si vas a comprar una computadora y ves una hilera llena de computadoras con el logotipo DELL, automáticamente sabes que cualquiera de esas computadoras te ofrecerá la mejor tecnología a un precio razonable.

Esta es la magia que un buen "branding" crea, y que tu negocio independientemente de ser grande o chico, nuevo o viejo puede crear. La idea general de tener una marca bien creada es que al momento de que tus clientes la vean o escuchen, automáticamente relacionen tu negocio con ese "algo especial" que tu negocio tiene para ofrecer.

Una marca bien desarrollada consiste de:

• *Logotipo.* Un logo bien diseñado que proyecte el nombre de tu negocio, producto o servicio. El logotipo debe ser fácil de entender, llamativo y único.

• *Combinación de colores.* Si recientemente has ido a comer a algún restaurante que es parte de una cadena nacional, posiblemente te habrás dado cuenta que su decoración, logotipo, uniformes de sus empleados, letras del menú hasta el piso de los baños usan exactamente los mismos colores en el resto de los restaurantes de la cadena en el país. Cada color que se utiliza ya sea en las piezas de mercadeo o en la decoración de tu negocio genera un impacto a nivel subconsciente en cada persona que entra en contacto con tu negocio, cada color le genera un sentimiento distinto, así que los colores que escojas para tu marca generarán ciertas sensaciones en tus clientes que los invitará o alejará de hacer una compra.

• *Elementos visuales.* Una idea genial que una famosa compañía departamental nacional ha implementado en su plan de mercadeo es el uso de elementos visuales para acompañar su imagen. Si visitas cualquier tienda de esta cadena, podrás ver en muchos de los productos de marca propia la fotografía de un perro color blanco con el logotipo de la compañía pintado en uno de sus ojos. La idea del perro no solamente le sirvió a esta cadena de tiendas para crear un nuevo emblema para fortalecer su marca dentro de sus establecimientos, sino que la gente cuando ve en la calle un perro similar, inconscientemente relaciona al perro con esta tienda. Esta es una forma de publicidad gratuita que solo requiere de ingenio para llevarla a cabo.

Los elementos visuales que uses para acompañar tu marca no precisamente tienen que estar relacionado a tu negocio. En el caso de esta cadena de tiendas, el perro no tiene nada que ver con su mercado principal, y aunque cuentan con un departamento de mascotas, no es su enfoque ni su fuerte.

• *Eslogan.* El eslogan es una frase corta que acompaña al logotipo y que describe lo que tu negocio ofrece. "Para pa, pa, pa... ¡me encanta!", "Con el cariño de siempre", "No puedes comer solo una", "Soy totalmente Palacio", "Just do it!", "Porque yo lo valgo", "Think different", "Hay cosas que el dinero puede comprar, para todo lo demás existe...". Estos son algunos ejemplos de eslóganes famosos, que aunque en ninguno de los casos mencioné el nombre de las compañías a las que pertenecen, estoy seguro que en más de una ocasión relacionaste la frase con la compañía a la que pertenece. De igual manera puede suceder con tu negocio. Si logras acuñar una frase llamativa (o usas una frase coloquial famosa), la promueves constantemente y la conviertes en parte de tu marca, llegará el momento en que la gente recuerde tu negocio al escuchar la frase, aunque tu marca no se mencione.

Para que tu marca genere ventas debe de tener consistencia. Todos los medios en los que publicites tu negocio deben de conservar los mismos elementos: mismos colores, misma tipografía, mismo logotipo, etc. Para asegurarte que cada vez que reproduces tu logotipo tenga los mismos colores, al momento que tu agencia de diseño le de vida a tu logotipo, el programa de diseño usa un número para identificar los colores que son parte del logotipo. Por ejemplo, lo que para tus ojos es solamente el color amarillo, una computadora puede detectar ese color con la clave PMS 106. Cabe mencionar que las computadoras hoy en día reproducen millones de colores, pero cada uno de ellos puede ser digitalmente identificado con su código de color. De igual manera, cada color utilizado en los elementos gráficos de tu marca cuentan con un número específico. Cada vez que reproduzcas tu logotipo y elementos gráficos en distintos medios, el color será consistente si se reproducen los mismos códigos de color. Asegúrate que al momento de diseñar tu logotipo, tu diseñador grafico te provea con los números que identifican los colores usados en tu logotipo y elementos gráficos. De igual manera, al momento de pintar las paredes en tu negocio, cada pintura tiene un número para cada color utilizado. Asegúrate de que te proporcionen por escrito o en una paleta de colores los números de dichas pinturas para poder duplicar colores exactos cuando sea necesario.

COMO INCREMENTAR EL RECONOCIMIENTO DE TU MARCA

Aunque la marca es una representación abstracta de tu negocio, producto o servicio, esta tendrá un gran impacto en tus ventas. Esto es, tendrá un impacto positivo si inviertes el tiempo y dinero para crearla, y tendrá un enorme efecto negativo si no le prestas la seriedad ni inviertes los recursos que requiere.

El reconocimiento de tu marca no sucede de la noche a la mañana, requiere tiempo, paciencia y estrategia. Al seguir los siguientes pasos, comenzarás el camino para que el reconocimiento de tu marca sea seguro.

Define que es lo que quieres proyectar. No se trata de solamente crear un logotipo llamativo, se trata de proyectar una idea de lo que tu negocio es con dicho logotipo. Debes de preguntarte que imagen quieres que tus clientes tengan a cerca de tu negocio, y crear tu marca basada en esa imagen.

Credibilidad. Uno de los factores principales para que una persona se convierta en cliente es que debe de creer en el mensaje que recibe. Tal vez ofreces los mejores precios en tu comunidad, el mejor servicio, el mejor sabor, el tiempo de entrega más rápido, etc. Pero pregúntate, ¿realmente tu marca refleja lo que tu negocio está tratando de vender?

Originalidad. La imagen de tu marca debe ser totalmente distinta a la competencia. Si tu marca tiene elementos visuales similares a los de tus competidores, terminarán confundiéndola y con el transcurso del tiempo pasará a ser simplemente un negocio más en el mercado.

Líder en el mercado. Tu trabajo como empresario es hacer ver tu negocio como el líder en su rama. Hazle saber a la gente que ofreces el mejor producto, el mejor servicio, los mejores precios, y trabaja duro para que no solamente sea un línea publicitaria, sino una promesa cumplida.

Ofrece valor agregado. Dale un vistazo a tu competencia y pregúntate que puede ofrecer tu negocio que tu competencia no ofrece. No se trata de ofrecer algo más por un costo adicional, se trata de ofrecer algo más que sea de valor para el cliente sin ningún costo para él. El valor agregado puede verse de diferentes formas: consultas gratis, servicio gratuito, suscripción gratuita, etc.

Calidad. Enfoca tu atención en ofrecer el producto de mayor calidad y mejor servicio en el mercado. Nada posiciona una marca tan alto como ofrecer simplemente el mejor producto y servicio en el barrio, la ciudad, el estado, el país o en el mundo entero. Son pocos los pequeños empresarios que tienen esta mentalidad. Muchos se conforman con simplemente ofrecer un producto que les permita mantener sus puertas abiertas, pagar la nómina y llevar los gastos del negocio. El tener esta mentalidad no está del todo mal, si buscas estar con tu negocio solamente por un lapso corto de tiempo. Pero si quieres que tu negocio prospere por años, entonces debes de posicionarlo como el mejor en su clase. Dicen que "el sol sale para todos", pero la realidad de las cosas, es que hoy en día, el mercado solamente le da la oportunidad de crecer a aquellos negocios que se esfuerzan por ser los mejores. Como muestra, los hermanos Richard y Maurice McDonald enfocaron sus esfuerzos en crear el mejor restaurante de comida rápida en los años cuarentas. Hoy en día, es muy posible que uno de sus restaurantes esté a solamente minutos del lugar donde estas leyendo este libro.

COMO DEFINIR EL NOMBRE DE TU NEGOCIO, PRODUCTO O SERVICIO.

El nombre de tu negocio, producto o servicio será muchas veces el primer contacto que la gente tenga con tu empresa. El nombre puede ser un factor decisivo entre llevarlo al éxito o dejarlo perdido en la memoria de la gente. Si estás por comenzar tu negocio o estás por lanzar un nuevo producto o servicio, debes considerar los siguientes puntos antes de escoger un nombre definitivo.

Nombre fácil. El nombre debe ser fácil de pronunciar, de escribir y de recordar. Esto es indispensable, ya que si tu nombre no es fácil de recordar, a las personas se les dificultará encontrarte cuando te busquen en internet o en un directorio.

Fácil de recordar. No uses palabras rebuscadas o complejas. Usa palabras de uso diario que puedan ser relacionadas fácilmente con un objeto, personaje o producto. Recuerda que los humanos recordamos mejor si podemos asociar un nombre a un elemento visual que tenga un significado lógico o emocional.

Representativo. El nombre de tu negocio debe representar los gustos o necesidades de tus clientes, o representar el producto o servicio que ofreces, no tus gustos personales. Las personas solemos recordar con mayor facilidad las personas, lugares o cosas que representan nuestros gustos. Así que olvídate de nombrar tu negocio "Paquito Enterprises", ese tipo de nombres no dicen nada. Busca palabras que representen las necesidades de tus clientes, o que representen una imagen que haga recordar fácilmente el nombre de tu negocio, de tu producto o servicio.

Es único. Antes de decidir por el nombre de un negocio, haz tu investigación por medio del internet para asegurarte que no existe otro negocio en tu ciudad que ofrezca tu mismo producto o servicio y que tenga un nombre similar. De esta manera evitarás confundir a tus clientes y posibles problemas legales.

COMO LOGRAR QUE TU NEGOCIO SEA UN MAGNETO DE CLIENTES

Una gran cantidad de empresarios cometen un grandísimo error con su negocio desde antes de abrir sus puertas. Es solamente un pequeño porcentaje de empresarios que invierten el tiempo y dinero para no cometer este error desde el comienzo, y muchas veces son estos los negocios que prosperan, su clientela es fiel y siguen atrayendo nuevos clientes en el transcurso de los años. El no cometer este error tomará una pequeña inversión, pero que si decides NO hacerla para "ahorrarte" ese dinero y hacerte cargo tú mismo (o alguien que no es un profesional en el asunto) o simplemente no hacerlo, puede costarte miles, o cientos de miles de dólares en el transcurso de los años. Estoy hablando del logotipo tu negocio.

¿Como sabes si necesitas rediseñar tu logotipo? Simple. ¿Cuándo fue la última vez que alguien te dijo "¡wow que bonito logo!"? Si nunca has escuchado esto... es tiempo de rediseñarlo. Cada día que pasa sin que tu negocio tenga un logotipo atractivo y bien realizado que logre atraer la atención de clientes y prospectos, estás perdiendo dinero.

Lo que es peor, has estado perdiendo dinero desde el día que abriste tu negocio, sin siquiera darte cuenta. Por ejemplo, si tienes un restaurante y dices que sirve la mejor comida de la ciudad, pero tu logotipo no tiene vida, no tiene colores que atraigan, no tiene un "algo" que se quede grabado en la memoria de tus clientes, y no refleja lo exquisito de tu comida, subconscientemente lo que sucede en la mente de las personas que ven tu logotipo es: "si se ve mal, ¡sabe mal!". Como sabiamente dicen: "de la vista nace el amor".

Tener un logotipo apropiado para tu negocio puede ser uno de los factores decisivos para que tus prospectos compren de ti o en otro lugar. Crear un logotipo que genere resultados es un tanto complejo. Muchos empresarios hacen su logo en una servilleta y pretenden que esa sea la imagen corporativa de su negocio. El logotipo no cs el nombre de tu negocio con tipografía manuscrita y colores llamativos o una caricatura que viste en televisión o que bajaste del internet. Un logotipo es un sello, palabra o imagen que refleja lo que tu negocio es y lo que tiene para ofrecer.

Para crear un logotipo que sea un magneto de clientes sigue los siguientes pasos.

Perfila a tus clientes. Crea un perfil de quienes son tus clientes: cual es su edad, sexo, nivel de ingresos, ocupación y nivel educativo. Cuales son sus intereses, estilos de vida y valores. Al entender todos estos factores tú y tu diseñador podrán crear elementos que reflejen sus gustos y preferencias. Una vez que has perfilado a tu cliente debes decidir que quieres que tu negocio refleje basado en el perfil que has creado, siguiendo las siguientes características:

El estilo de tu logotipo puede ser:
• Masculino, femenino o neutro
• Simple o complejo
• Oscuro o colorido
• Tranquilo o escandaloso
• Simple o lujoso

• Económico o caro
• Moderno o clásico

Por ejemplo, si tienes un salón de belleza y la mayoría de tus clientes son mujeres jóvenes, de ingreso promedio, estudiantes universitarias, entonces el estilo de tu logotipo puede ser:

• ~~Masculino,~~ *femenino* ~~o neutro~~
• ~~Simple o~~ *complejo*
• ~~Oscuro o~~ *colorido*
• ~~Tranquilo o~~ *escandaloso*
• ~~Simple o~~ *lujoso*
• *Económico* ~~o caro~~
• *Moderno* ~~o clásico~~

Por otro lado, si tu negocio es una barbería que atiende a hombres de negocio de ingreso alto y estudios postgrado, el estilo de tu logo puede ser:

• *Masculino,* ~~femenino o neutro~~
• *Simple* ~~o complejo~~
• *Oscuro* ~~o colorido~~
• *Tranquilo* ~~o escandaloso~~
• ~~Simple o~~ *lujoso*
• ~~Económico o~~ *caro*
• ~~Moderno o~~ *clásico*

Como puedes observar, estos dos negocios ofrecen en esencia los mismos servicios de corte de cabello, pero el mercado al que atienden es totalmente distinto. ¿Qué pasaría si por el contrario, estos negocios no tuvieran bien definido un logotipo? Posiblemente no atraerían al tipo de clientela correcta, por lo que sus ventas se verían fuertemente afectadas.

Determina tu más grande cualidad. Lo siguiente es determinar cual es la cualidad más grande que tu negocio tiene para ofrecer a tus clientes. Si tienes un salón de belleza por ejemplo, en realidad lo que ofreces no son cortes de cabello, maniquiures o servicios de maquillaje, lo que estas "vendiendo" es en realidad la imagen de belleza. Si eres dueño de un restaurante, lo que vendes a tus clientes es la experiencia de sentarse en una de tus mesas a comer un delicioso plato de comida servida con un excelente servicio, no solamente vendes una pizza, mariscos, o lo que sea la especialidad de tu restaurante. Si vendes bienes y raíces, lo que vendes es la experiencia de ser dueño de casa o inversionista, no solamente vendes propiedades. Esas cualidades que tu negocio ofrece son las que deben transformarse en forma visual en tu logotipo, colores, fotografías y demás elementos visuales utilizados para la imagen de tu negocio.

Define colores. Otro elemento importante que debes de tener en cuenta al momento de crear la imagen de tu negocio, es saber de antemano que los colores que uses en los elementos visuales harán sentir de manera subconsciente ciertas emociones a tus prospectos y clientes. Esto es de vital importancia ya que si utilizas los colores incorrectos estarás enviando los mensajes equivocados. Por ejemplo, cuando piensas unos segundos en el color rojo, lo que subconscientemente sucede en tu mente es ligar el color con sentimientos de pasión, enojo, un signo de "alto", batalla, amor o sangre. Si tu negocio es digamos una escuela de yoga, y utilizas el color rojo como parte de la imagen, no dudes que la gente automáticamente sienta cierta repulsión con el simple hecho de entrar a tu negocio o ver tu publicidad.

Esta es una lista de los sentimientos que la mayoría de las personas ligan con los colores, asegúrate de escoger los colores apropiados dependiendo de cual es el sentimiento que quieres crear en tus clientes y prospectos.

- Rojo: pasión, enojo, alto, batalla, amor, sangre.
- Amarillo: gozo, intelecto, precaución, cobardía, juventud.
- Verde: fertilidad, salud, sanación, éxito, crecimiento.
- Blanco: perfección, pureza, boda, limpieza, virtud.
- Azul: conocimiento, confianza, tranquilidad, calma, paz, frescura.
- Negro: miedo, secreto, muerte, lujo.
- Morado: realeza, sabiduría, espiritualidad, imaginación.
- Naranja: creatividad, único, energía, dinamismo.
- Gris: sofistificación , neutralidad, sin compromiso.

Como punto final debes asegurarte que al momento de contratar a una compañía de diseño gráfico obtengas todos formatos para poder usar tu logotipo en el futuro. Primero asegúrate de contratar un servicio de diseño de logotipo e imagen, en el cual tu agencia de diseño te otorga por escrito el derecho a utilizar el logotipo, elementos visuales y tipografía como te plazca una vez que el proceso de diseño sea concluido. Con esto, al finalizar se te proporcionará por correo electrónico o en un CD tu logotipo con los siguientes archivos:

Logotipo en formatos utilizados por imprentas. Estos archivos te permiten utilizar tu logotipo en cualquier tipo de impresión comercial que necesites. Debes asegurarte que se te proporciona el logotipo en formato de alta resolución (TIFF, PNG, PSD o JPEG) o vectorizado (formatos AI, EPS, PDF) para que al momento de imprimir tu logotipo en grande no tenga como resultado una visibilidad borrosa o "pixelada".

Logotipo para uso interno de tu compañía. Puede ser en formatos JPEG, GIF o PNG de baja resolución. Estos formatos pueden ser usados para tus programas de oficina (Microsoft Word, Excel, Power Point, etc), para envío por medio de correo electrónico, para uso en tu website y para imprimirse en tu impresora de oficina. Este tipo de formatos no debe ser utilizado para imprentas comerciales.

Tipografía. Se te debe proporcionar el nombre de las "fuentes" (tipos de letra) utilizados en la creación de tu logotipo y demás elementos visuales. Algunas de estas fuentes requieren de la compra de una licencia para ser utilizadas, que puede ser comprada en el internet si buscas en google el nombre de la fuente. Algunas pueden ser distribuidas de manera gratuita.

Colores. Se te debe proporcionar el número de código de cada color utilizado en tu logotipo y elementos visuales.

COMO GANARLE A LA COMPETENCIA

"No temas de tu competencia, teme de tu incompetencia"

Uno de los mayores retos para todo empresario es encontrar las estrategias para ganarle la guerra a la competencia. Aunque la competencia con otros negocios se da en el mercado, irónicamente, la batalla comienza a ganarse dentro de tu negocio, no en el mercado. Es un proceso que va de adentro hacia fuera. En realidad la competencia es buena, tanto para tu negocio, los otros negocios y para el cliente. Al existir competencia, el cliente tiene más y mejores opciones para escoger, y tú como empresario, tienes la oportunidad de ver tu negocio en perspectiva, encontrar puntos débiles y mejorarlos.

Lo principal es no tenerle miedo a la competencia, y sobre todo no tener miedo de hacer mercadeo independientemente de los esfuerzos que tu competencia haga. La competencia debe ser una razón más para cumplir tus metas, llegar a los objetivos y cumplir tus sueños, no para detenerlos. Si tu negocio es pequeño, recuerda que después de todo, el pequeño y joven David venció al gigante Goliat solamente con una piedra y una onda. No requirió de toda una artillería, solamente requirió de estrategia para utilizar sus sencillas armas y hacerlas poderosas.

Punto fuerte. Tomando como ejemplo la historia de David y Goliat, imagínate una batalla de un joven y pequeño hombre armado con una onda y una piedra, contra un tipo alto y fornido, armado con una filosa espada y protegido con un escudo. ¿Cómo es posible que el pequeño David ganara la batalla contra el gigante? De la misma manera que tú puedes ganar la guerra contra la competencia: enfocando toda tu atención en tus puntos fuertes. Goliat tenía muchas ventajas, era alto y fuerte, estaba protegido y tenía un arma mortal. David solamente tenía una ventaja: el poder usar su onda a distancia, evitando que el gigante lo matara de un solo espadazo. Así que lo que hizo David fue correr para alejarse un poco del gigante, tomar su onda y piedra, hacerla girar, enfocar toda su atención para disparar y pegar en el blanco.

De la misma manera, es tu labor como empresario buscar uno o varios puntos fuertes que te puedan distinguir de la competencia, por muy grande (o pequeña) que esta sea. Este punto fuerte es en lo que deberás de enfocar toda tu atención para mercadearla, hacerle saber a la gente que este punto fuerte nadie más puede ofrecerlo. Encuentra este punto fuerte y haz que todos tus clientes, prospectos y toda tu comunidad sepan de el. Por ejemplo, si tu pequeño negocio está compitiendo contra una empresa nacional en tu barrio, es cierto que la otra compañía puede ofrecer mejores precios, mayor inventario de productos o tener una mayor presencia en el mercado, pero tu negocio puede desarrollar muchos puntos fuertes que son mas difíciles de crear para una empresa nacional.

• *Servicio personal.* Conoce a tus clientes por su nombre, atiéndelos siempre con una sonrisa y trátalos con amabilidad. Si recientemente has ido a una tienda nacional a surtir tu despensa familiar, te habrás dado cuenta que posiblemente la cajera ni siquiera se tomó la molestia de saludarte, mucho menos de agradecerte por tu compra y desearte un buen día. Las empresas grandes generalmente no tienen un control tan directo sobre la actitud de sus empleados, pero tú como dueño de un negocio pequeño, tienes la oportunidad de supervisar que a cada cliente se le trate como la persona más importante de la ciudad.

• *Ofrecer productos especializados.* Para tu negocio es más fácil y rápido ofrecer un producto especializado o poco común que para una empresa nacional, ya que en este tipo de compañías los productos nuevos deben pasar por un proceso corporativo en el que se determinará si podrá ser vendido en sus anaqueles o no. Generalmente este proceso puede ser largo y tomar tiempo antes de que el producto este a la venta en sus establecimientos. Pero en tu caso, tú tienes el poder de decisión de que productos ofrecer. Puedes ofrecer productos que no sean encontrados en las tiendas grandes, tales como productos especializados o productos manufacturados por proveedores más pequeños.

• *Compromiso con la excelencia.* El crear con tu negocio y con tus clientes un compromiso hacia la excelencia es una de las armas de mercadotecnia más poderosas y que puede poner mucho muy por encima tu empresa de cualquier otra compañía. El establecer este compromiso se verá traducido en ofrecer los mejores productos disponibles en el mercado acompañados del mejor servicio. Existen personas a quienes no les importará pagar un poco más por un producto o servicio de mayor calidad que el que se ofrece en otros lugares. Compromete tu negocio a ofrecer lo mejor, hazle saber a tus clientes y prospectos que tu negocio ofrece el mejor producto y servicio en su categoría, y anuncia este compromiso en todos los medios publicitarios que uses, pero sobre todo, cumple la promesa de ofrecer el mejor producto o servicio en su clase. No se trata de hacer mera propaganda, en muchos casos se trata de reinventar tu negocio para que cada cliente reciba de él no menos que la excelencia en todo sentido.

Busca el liderazgo en el mercado. Algo que tienen en común la gran mayoría de empresarios que quiebran es que desde que comienzan la aventura empresarial solo piensan en tener un buen negocio, hacerlo crecer un poco, ganar más dinero y un día tener algunos empleados. Por otro lado, los negocios que alcanzan los mayores éxitos son los que llevan como bandera estar a la cabeza en el mercado. Para este tipo de negocios no hay otra opción mas que ser los número uno, y hacen todo lo posible para lograrlo. Toma en cuenta que cualquier negocio que ha logrado el éxito en grande no fue por suerte, ni por casualidad, ni por la economía, ni por los extraños sucesos que ocurren en el destino, como muchos empresarios creen. Los grandes hombres y mujeres de negocio llegaron a la cima porque desde un principio en su mente estaba plantada la imagen de ser los líderes, los mejores, los número uno de su industria. Cuando logras tener este tipo de mentalidad, algo casi mágico sucede dentro de ti y a tu alrededor. Si logras tener esta mentalidad te darás cuenta que la economía ya no es un factor que detendrá el crecimiento de tu negocio, ni que la situación política del país es lo que hace que los negocios fracasen, y que aquella compañía a la que llamabas tu "competencia" no es otra cosa más que una razón para querer que tu negocio sea el mejor de todos. Busca ser el líder, y tus clientes te seguirán. Una vez que domines el mercado, será mucho más difícil para otros entrar a competir.

Mejora tu producto o servicio. Bien lo decía Einstein: "No hay nada más absurdo que hacer siempre lo mismo y esperar que el resultado sea distinto". Si después de varios intentos y de modificar tu estrategia de mercadeo no ves ningún resultado, una de dos: algo anda mal con el medio en el que estás publicitando tu negocio, o peor aún, algo anda mal con tu negocio, tus productos y servicios. Suena un tanto brusco y tal vez sea difícil después de tanto esfuerzo pensar en cambiar tu producto. Conocí hace tiempo a un inventor que ingenió una trampa para capturar insectos. El invento era demasiado grande, incomodo de usar y difícil de guardar. El inventor patentó la idea e intentó venderla a alguna compañía que se interesara en comercializarla. Después de varios intentos, el inventor terminó por darse cuenta que ninguna de las compañías estaba interesada en producir el invento. ¿Se habían acabado los insectos en el mundo? Claro que no, el gran problema de esta situación es que ya existe un método más rápido, efectivo, económico y fácil de usar que el aparatoso invento: el veneno. El problema no era la falta de insectos en el mundo, el problema es que en realidad no había necesidad para este producto en particular.

Dale un vistazo a tu producto desde el punto de vista de tus clientes, o mejor aún, pregunta a tus clientes que piensan de tu producto o servicio y encuentra maneras para mejorarlo. Abre tu mente a la posibilidad de un cambio y pon tu imaginación a trabajar.

Segmenta tu mercado. No trates de comerte todo el pastel de un solo bocado. Define exactamente que tipo de clientes quieres atraer a tu negocio.

Si tu mercado es el consumidor en general:
• Define un área en especifico que vas a atacar.
• Define el sexo, edad, nivel de ingresos, cultura, etc. de tus prospectos. En otras palabras, perfila al tipo de cliente que intentas atraer y enfoca tu tiempo y recursos a atraer esa clientela en específico.

Si tu mercado son otros negocios:
• Define un tipo de negocio en particular al que quieres convertir en cliente y enfoca tus recursos para prospectar ese tipo de negocios en particular. Si piensas prospectar doctores, enfócate en doctores. Si piensas prospectar restaurantes, enfócate en restaurantes solamente. Así como un jugador de baseball no batea por ambos lados, tampoco intentes batear por todos lados.
• Prepara un guión de ventas en el que presentes a tu negocio como especialista en su ramo. ¿Te has preguntado por que los médicos especialistas ganan más dinero que un doctor general? Es simple, la especialización paga más.
• Establece rutas en la misma área para prospectar la mayor cantidad de negocios posibles en el mismo día.

Crea un factor de diferencia. Existen varios puntos en los que puedes hacer tu negocio diferente de la competencia. Estos puntos los puedes usar a tu favor en todas las estrategias de publicidad que uses, tu trabajo es analizar tu negocio y pensar cual de estas características pueden aplicarse.
• Costo operativo. Tu producto o servicio ofrece un costo de operación más económico que el de la competencia. Esto no significa que el costo de adquisición sea el más bajo, sino que el cliente gastará menos dinero para mantener el producto o servicio una vez que lo ha adquirido.

• Ubicación. Tu negocio tiene una mejor ubicación que tu competencia o puede ser más cercano a la casa o lugar de trabajo del cliente.

• Precio. Tu negocio ofrece los productos o servicios a un mejor precio.

• Servicio. Tu negocio ofrece un mejor trato y servicio al cliente que tu competencia.

• Rapidez. Tu negocio ofrece el producto o servicio más rápido que ningún otro.

• Promociones. Tu negocio ofrece promociones regularmente, tales como regalos y descuentos.

• Personal. Tu negocio cuenta con los mejores profesionales en su ramo.

Crea una experiencia de compra para los clientes. Tal vez habrás notado cómo en ciertas tiendas de ropa, restaurantes en cadena y en otro tipo de negocios, al entrar el local percibes un cierto aroma, las luces están a cierto nivel de iluminación, mantienen la misma decoración y el mismo tipo de muebles, la temperatura siempre es la misma, sus instalaciones están impecablemente limpias, tienen el mismo estilo de música de fondo, y aparentemente todos sus empleados son tremendamente amables y siempre te saludan de la misma manera. ¿Será que ese día los empleados de la tienda andaban de buenas, rociaron perfumes y pusieron algo de música? Claro que no. A esto se le llama "experiencia de compra", y como el mismo nombre lo dice, se trata de crear toda una experiencia para el cliente desde el momento que pone un pie dentro hasta que sale del negocio. Invierte tiempo y dinero para crear una experiencia agradable para tus clientes: un olor agradable, música relajante y que perciban la limpieza de tu negocio, y sobre todo, que reciban el mejor trato por parte de ti y de tus empleados.

Revisa tus precios. Dale un vistazo a los precios de la competencia y compáralos a los tuyos. Posiblemente te darás cuenta que los precios de algunos productos que ofrece tu competencia son significativamente menores a los tuyos. No se trata de abaratar tu inventario, pero considera tener uno o dos productos a menor precio que tu competencia y anunciarlos en todos tus medios publicitarios. También considera usar este producto como un gancho para tus clientes. Aunque no tengas una ganancia directa de vender este producto en particular, este gancho te servirá para hacer que el cliente entre a tu negocio y compre otros productos.

Cambia el "look" de tu negocio. Esta es una opción mas drástica, pero darle un cambio de "look" (imagen) a tu negocio puede hacer una gran diferencia en tus ventas. Este cambio puede ser desde rediseñar el logotipo, cambiar el nombre del negocio, pintar con diferentes colores las instalaciones, redecorar o hacer una remodelación total. Al hacer un cambio de "look" tus clientes y prospectos percibirán que tu negocio está mejorando, lo cual llamará su atención y los abrirá a intentar tu producto o servicio.

Introduce innovación. Pocas cosas vencen de tal manera a la competencia como ofrecer un producto o servicio que nadie más tiene. Es cierto que tal vez después de un tiempo la competencia comenzará a introducir el mismo producto o alguno similar, pero las compañías que ofrecen productos y servicios innovadores permanecen en el gusto del mercado, creará fanáticos de sus marcas, le serán fieles a sus productos y servicios. Por algo dicen que el que pega primero pega más fuerte.

Analiza tu publicidad. Si estás en medio de una campaña publicitaria y no has empezado a recibir resultados, es importante que le des un vistazo a los siguientes factores, que son los que causan que una campaña publicitaria falle:

• ¿Tu anuncio proyecta el valor real de tu producto o servicio?

• ¿Te estás anunciando en el medio correcto?

• ¿Tu producto es de interés de la audiencia del medio?

• ¿El mensaje conecta con el servicio que ofreces?

• ¿Has dejado pasar el suficiente tiempo para recibir resultados?

Crea distintos canales de distribución. Los canales de distribución son las diferentes maneras en las que tu producto o servicio llega al consumidor final. Algunas compañías, tales como Apple Computers, han enfocado sus esfuerzos en ser ellos mismos quienes venden directamente sus computadoras. Pero otras compañías, tales como Coca Cola, dependen en gran parte de otros negocios encargados de hacer llegar sus productos al consumidor. Si se te antoja una Coca, no tienes que ir a la fabrica de Coca Cola a comprarla, basta con ir a cualquier supermercado, restaurante o tienda de tu barrio y seguramente ahí podrás comprarla. Precisamente el tener varios canales de distribución, como restaurantes, tiendas de autoservicio, tiendas departamentales, abarrotes, farmacias, y máquinas dispensadoras en talleres mecánicos, hospitales, y hasta en tintorerías, ha sido lo que ha hecho de Coca Cola el refresco número 1 en el mundo.

Muchos empresarios comienzan produciendo y vendiendo al mismo tiempo sus productos, pero con el tiempo se dan cuenta de que la mejor opción es enfocarse solamente en la producción del producto y dejar el resto a otras compañías que tengan una mayor capacidad de distribución. Tal vez tu negocio está en esta situación, es posible que para hacerlo crecer, debas de dejar de enfocarte en las ventas directas y tomarte la tarea de conseguir revendedores externos. La cantidad en comisión que les pagarás a estos revendedores puede ser mínima a comparación del pago que tendrías que hacerle a un equipo de ventas interno que produzca las mismas cifras en ventas.

Dale un vistazo a los productos de tu competencia, analiza en que negocios se venden e investiga como es que fueron a parar a ese punto de venta. También piensa en otros negocios que puedan comprar tu producto al mayoreo para la reventa o venta directa al consumidor. Básicamente se trata de crear una red externa de distribuidores encargados de vender tu producto o servicio. El tener distintos canales de venta te ayudará a hacer crecer tu negocio más rápidamente, ya que llegarás a una cantidad mayor de consumidores más rápido que si hubieras intentado llegar a ellos por medio de distribución directa. Algunos de estos distribuidores pueden ser: tiendas nacionales, compañías de ventas al mayoreo y franquicias.

Una vez que entras en contacto con distribuidores entrénalos para que conozcan de pies a cabeza tu producto y capacítalos para que logren presentarlo y venderlo efectivamente. Ofrece soporte de ventas, tales como folletos informativos del producto, stands, carpetas de presentación, pancartas, volantes y otro tipo de material publicitario de apoyo. Motívalos como si fueran tus propios empleados y ofrece incentivos para que vendan tu producto. Sobre todo, responde rápidamente a las preguntas y necesidades para proporcionar inventario de manera rápida y eficiente. Asegúrate de crear un plan de bonos por las ventas logradas.

Crea alianzas con otros negocios. Como bien se dice, la unión hace la fuerza. El crear una relación con otros negocios puede ser altamente rentable para ti y para ellos. Esta relación puede ser con negocios dentro de tu industria que no signifiquen una competencia directa para ti. Por ejemplo, si tu negocio es servicio de reparación y mantenimiento para autos, puedes hacer una alianza con alguna concesionaria de autos que no ofrezca dichos servicios. Si tu negocio es la venta de vestidos de novia, puedes hacer una alianza con otros negocios en tu ciudad que ofrezcan servicios de fotografía y video, pastelería, renta de limusinas, florerías y salones de banquetes. La idea es establecer una relación de confianza con estos negocios, si de alguna manera puedes ayudarles a hacer su trabajo más fácil, de seguro referirán clientes.

Puedes distribuir volantes, posters, trípticos, u otro tipo de material promocional en el otro negocio, y puedes ofrecer un descuento para todos aquellos clientes que vallan a tu negocio mencionando dicho anuncio. A esto, puedes ofrecer una comisión al negocio que te refiera a cada prospecto que se convierta en cliente. Esos negocios se alegrarán por hacer dinero solamente por referir clientes. También puedes considerar hacer alianzas con otros negocios fuera de tu industria con quienes puedas establecer una buena relación de referidos. Por ejemplo, si tienes una tienda de supermercados, puedes aliarte con los restaurantes en el área para que ellos repartan algún tipo de volante de tu negocio, a cambio de tu hacer lo mismo por ellos.

Crea un programa de cliente leal. Crea un programa en el que tus clientes acumulen puntos o descuentos conforme acumulan una determinada cantidad de compras en tu negocio. Hace días fui a comprar algo de material para preparar una conferencia transformacional que estaré dando este fin de semana a un grupo de jóvenes. Al momento de pagar la cajera me pidió mi número de telefono. Mi respuesta (la verdad detesto recibir llamadas no deseadas) fue: "prefiero no dártelo. Su contestación fue: no te vamos a estar llamando, te pregunto tu número porque por cada $ 200 que acumules en compras en el transcurso de 1 año, recibirás un descuento de $ 20. Solo necesito tu nombre y número de telefono para registrarte y poder darte tu descuento cuando acumules los $ 200". Indudablemente terminé dándole el número. Ofrecer este tipo de beneficios a tus clientes te garantiza que estarán de regreso. Puede ser un proceso un tanto tedioso porque requerirás de una caja registradora, computadora o sistema de compras en internet que te permita crear este tipo de programas, pero precisamente por esto son muy pocos los negocios que los ofrecen.

Olvida a la competencia y enfócate en tu negocio. La mejor arma contra la competencia, es tener un rol proactivo en tu negocio y no asumir un rol reactivo a la competencia. Enfoca tu atención para crear un negocio innovador, comprometido con la excelencia en todo aspecto y dispuesto a ser el número uno en el mercado. Si te enfocas en esto, será tu competencia quien tenga que preocuparse para ganarte la guerra del mercado.

EL ARMA SECRETA DEL MERCADEO

Tal vez alguna vez te ha sucedido que fuiste a una tienda que ofrecía productos y precios muy similares al resto de las tiendas en su categoría. Pero por alguna razón, sigues siendo cliente de esa tienda en particular, aún sabiendo que podrías recibir un mejor precio o producto en otros lugares similares. En este caso, es muy posible que hallas sido el blanco de un arma súper secreta que solamente algunos negocios saben utilizar: excelente servicio.

Esta es un arma súper secreta, ya que para usarla generalmente no tienes que gastar dinero, más que invertir el tiempo necesario para perfeccionar su uso. Esta arma es tan secreta, que la gran mayoría de negocios ni siquiera saben que es. Es fácil darse cuenta cuando un negocio no tiene ni la menor idea de qué es ofrecer un excelente servicio. Por ejemplo, desde el momento que pones un pie dentro de un negocio, y la persona que esta ahí frente a ti para "atenderte" solamente se percata de que estas ahí y te dice algo como "¿en qué puedo ayudarle?", o "¿qué le sirvo?", o "¿qué puedo hacer por usted?".

Es importante que entiendas que un factor determinante para que tus clientes regresen a tu negocio es el servicio que reciben de ti y de tus empleados. De nada te servirá haber gastado una fortuna en publicidad, haber destinado un presupuesto, haber hecho estudios de mercado si tú y tus empleados no están debidamente preparados para ofrecer un servicio que sea superior al que tus clientes puedan recibir en algún otro lugar. Poniéndolo de otra manera, si gastas una fortuna para hacer que un cliente entre a tu negocio, pero se da cuenta que en otro lugar recibe un mejor servicio, indudablemente irá a parar a ese otro lugar. Ahí terminas perdiendo por partida doble, terminas perdiendo un cliente, y terminas perdiendo dinero por haber invertido en publicidad en un cliente que no compró y que posiblemente no regresará. Tus clientes no solamente buscan comprar tu servicio o producto, buscan comprar la relación contigo, tu negocio y tus empleados.

Déjame compartirte un ejemplo de excelente servicio. Hace un par de meses fuimos mi esposa y yo a cenar a un exclusivo restaurante de comida Latina en la ciudad. Es un restaurante elegante, lujoso, de amplio reconocimiento. Al entrar al lugar nos atendió la recepcionista del lugar, elegantemente vestida, nos recibió con una cálida sonrisa y nos pidió esperar unos segundos mientras preparaban nuestra mesa. Segundos después llego una joven mesera con un uniforme impecablemente limpio y bien planchado, nos recibió con una cálida sonrisa y nos saludó: "¡buenas noches chicos!, ¿cómo están? bienvenidos, mi nombre es Kelly y seré su mesera esta noche, ¿es la primera vez que visitan nuestro restaurante?, ¡por favor síganme!. Esa era nuestra primer visita en el restaurante, así que Kelly se aseguró de sentarnos en una mesa que estaba del otro costado del lugar, para poder apreciar la belleza del restaurante. Al sentarnos, nos presentó el menú y nos ofreció un par de minutos para darle un vistazo, sin preguntarnos nos sirvió dos copas de agua.

Kelly regresó un par de minutos después, ya sabíamos lo que íbamos a ordenar, amablemente nos preguntó, ¿ya están listos para ordenar?, antes que nada me gustaría sugerirles nuestra "carne arrachera", que es preparada con carne de la más alta calidad, este año ganó el premio como el mejor platillo de la ciudad, está riquísima, a mí en lo personal me encanta, cada vez que viene mi novio a cenar siempre pide el mismo platillo, es en verdad exquisito. La carne es súper jugosa y viene acompañado de vegetales, arroz, y tortillas hechas a mano. ¿Te gustaría probarla esta noche? En el transcurso de su pequeño discurso sucedieron dos cosas: se me olvidó por completo el otro platillo que iba a ordenar, y al escuchar la descripción se me hizo agua la boca. No pude evitar mas que decir "si". La misma estrategia utilizó la chica con mi esposa, quien indudablemente término pidiendo otro platillo al que había pensado originalmente.

En el transcurso de la noche nos visitó algunas veces para verificar que no nos hiciera falta nada. Al momento de retirar nuestros platos, la última frase de la noche fue: "esta noche nuestros postres son arroz con leche, pastel de tres leches y pay de queso". La verdad estaba llenísimo así que le dije que por la noche seria todo. Me vio con una sonrisa enorme y me preguntó, ¿no va a permitir que la dama se valla sin probar uno de los postres mas ricos de la ciudad, verdad? Terminamos probando el pastel de tres leches. Al final de la noche, después de haber tomado mi tarjeta de crédito para cobrarme, regresó y nos dijo "muchas gracias chicos por visitarnos esta noche, aquí están 5 cupones de descuento, si tienen familiares o amigos que no conocen nuestro restaurante, estoy segura que apreciarán recibir uno de estos cupones de 15% de descuento y una bebida gratis". Nosotros nos fuimos con el estómago lleno, el restaurante adquirió dos clientes de por vida, y Kelly una excelente propina.

Unas semanas después mi esposa y yo fuimos a almorzar a un pequeño café que tenía solamente algunas semanas de haber abierto sus puertas. Nos atendió un mesero veterano del cual no recuerdo su nombre, un tipo sumamente amable. Al igual que Kelly, nos recibió con una gran sonrisa, su vestimenta era impecable, y de igual manera nos recomendó unos "pan cakes" que son la especialidad de la casa. "He trabajado en muchos otros restaurantes en todo el país, pero los pan cakes que se cocinan aquí, son los mejores que he probado en toda mi vida". Indudablemente terminamos probándolos.

Estos ejemplos resaltan algo muy importante, para ofrecer un excelente servicio no necesitas que tu negocio sea grande y reconocido como en el primer caso, ni necesitas ser un veterano o veterana en tu negocio para ofrecerlo.

Analizando ambos ejemplos, los principios que ambos meseros utilizaron son aplicables casi para cualquier tipo de negocio.

• *Vestimenta.* Esto es algo que tengo que agradecerles a mis padres. En mis comienzos como empresario (empecé a los 17 años cuando aun vivía con ellos) debo admitir que no ponía mucha atención a ciertos detalles: pantalones y camisa mal planchados, zapatos opacos, en fin. "Como te ven te tratan", sabiamente dice mi madre.

Es importante que tengas un código de vestimenta bien establecido para ti y tus empleados. Ya sea que les proporciones un uniforme o ellos mismos escojan su vestimenta, debes establecer que imagen quieres que tus clientes y prospectos tengan de tu equipo una vez pongan un pie dentro del negocio. El código de vestimenta puede variar dependiendo de la naturaleza de tu negocio, tal vez tus empleados deban vestir pantalones de mezclilla, camisa polo con tu logotipo bordado o estampado, tenis y gorra, si por ejemplo tu negocio es una tienda de productos para el hogar y tus empleados constantemente tienen que ayudar a los clientes a cargar material. En este caso, quieres que tus empleados se vean presentables pero a la vez se sientan cómodos. Si tú y tus empleados se presentan al trabajo con una vestimenta propia y se ven bien, se sentirán bien, lo que aumentará la confianza de clientes y prospectos al tratar con tu negocio.

Si tu negocio es ofrecer productos financieros, definitivamente tú y tus empleados deben usar trajes completos en colores obscuros, sin olvidar que en el caso de las mujeres deben evitar los escotes pronunciados y las faldas demasiado cortas. Si tu negocio es por ejemplo una oficina creativa, la vestimenta puede ser casual: camisas de manga corta y pantalones casuales pueden ser adecuados. Aunque el código de vestimenta puede variar dependiendo de la naturaleza de tu negocio, es indispensable: ropa limpia y bien planchada, uñas limpias, corte de cabello adecuado, zapatos bien lustrados, camisa fajada y cabello facial propiamente recortado.

Recuerda que la vestimenta tuya y de tus empleados representara el 95% del éxito en el trato al cliente, ¿porqué? tu ropa cubre el 95% de tu cuerpo cuando estás frente a tus clientes y prospectos. Recuerda que la imagen de tus empleados y la tuya representan la calidad de tus productos y servicios, y sin duda, tu vestimenta debe representar que ofreces lo mejor que hay en el mercado. Recuerda, como te ven te tratan.

• *Sonrisa.* ¿Alguna vez te haz preguntado por que los bebés (la mayoría) caen bien? Si estás en un espacio público y ves a un bebé y le hablas o le haces un gesto, como por arte de magia el bebé te responderá con una sonrisa de oreja a oreja. Tal vez el bebé aun no pueda hablar, pero su sonrisa dice: me agradas. Una sonrisa refleja agrado, aprecio, y gusto por la otra persona. La sonrisa tiene un efecto mágico, si le sonríes a alguien, esa persona muy posiblemente te sonreirá también. El sonreír hace que nuestro cerebro genere niveles más elevados de endorfinas y serotonina, ambas substancias son drogas naturales que nuestro cerebro genera para aliviar el dolor, aumentar el buen humor, quitar el estrés, y traen otros muchos beneficios a la salud, como regular la presión arterial y aumentar el sistema inmunológico.

El sonreír no es solamente bueno para la salud personal, sino para la salud en general de tu negocio. Si te entrenas a ti mismo y a tus empleados para que atiendan a cada cliente y prospecto con una sonrisa amable y sincera, notarás como en cuestión de días tus ventas aumentarán. Aún si tu y tus empleados hacen la mayoría de las ventas o del servicio por teléfono, el contestar el teléfono o el hacer una llamada con una sonrisa en los labios produce una entonación de alegría que inspirara confianza. He tenido la oportunidad de tratar con "grandes hombres" y "grandes mujeres" de negocios, pero que por alguna extraña razón, al parecer piensan que esa supuesta grandeza no les permite sonreírle a la gente, al contrario, los tratan con un semblante parco y cara de pocos amigos. En realidad a nadie le gusta estar cerca de este tipo de personas, que por alguna razón parece ser que absorben la buena energía como sanguijuelas.

Por otro lado, he tenido la oportunidad de conocer gente extraordinaria que a pesar de tener ciertas limitaciones, como falta de capital, falta de estudios escolares o el no poder hablar bien el idioma, han logrado tener un éxito enorme en los negocios gracias a su sonrisa. Estas personas conquistan a sus clientes y prospectos con gracia, amabilidad y sin necesidad de estrategias "lava cerebro" de ventas. Estos hombres y mujeres de éxito saben el poder que tiene una sonrisa. Así que, si no tienes la costumbre de sonreír, párate frente al espejo y ponte a practicar tu mejor sonrisa, y exige a tus empleados que hagan lo mismo.

• ***Elabora un diálogo de ventas.*** La presentación de Kelly fue muy amable y profesional, pero ¿crees que su presentación fue totalmente improvisada y dijo lo primero que se le ocurrió en el momento? La realidad es que este tipo de profesionales, independientemente del tiempo que lleven ejerciendo su profesión, saben de antemano con exactitud la presentación que harán ante el siguiente cliente o prospecto antes de estar frente a él o ella. Esta presentación la hacen por escrito, la practican hasta dominarla, y la convierten en su mejor aliada al momento de atender a un cliente. De la misma manera, todas las posiciones en las que tú y tus empleados tengan contacto con clientes, deben de tener un diálogo escrito, practicarlo y usarlo. Este diálogo debe de presentar los puntos clave de tu producto y servicio, debe formular preguntas que ayuden al cliente a tomar la decisión de compra, debe tener las respuestas a preguntas que los clientes puedan formular, y debe incluir maneras para rebatir las objeciones que se puedan presentar.

Al tener un diálogo escrito, te ayudarás a ti mismo y a tu fuerza de ventas a tener un camino a seguir para lograr la venta de manera fluida y sin que sea forzada. El tener este diálogo por escrito le ayudará a tu cuerpo de ventas a conocer de mejor manera tus productos o servicios. Nada genera mayor desconfianza en un cliente como el tratar con un vendedor que no conoce de pies a cabeza el producto o servicio que está ofreciendo.

• **Vende tu mejor producto.** Al igual que en el primer ejemplo, tú y tus empleados deben estar preparados para presentar el mejor producto o servicio. Kelly nos dio la oportunidad de ver las opciones en el menú, pero nos hizo un par de recomendaciones de los mejores platillos que el restaurante ofrece. En realidad, lo que Kelly hizo no solamente eran buenas recomendaciones, era una excelente presentación de ventas. Recuerda que todos tus empleados que tengan la oportunidad de estar frente a un cliente o prospecto, son tu fuerza de ventas. Esto aplica independientemente de la naturaleza de tu negocio: si tienes un restaurante, tus meseras y meseros son tu fuerza de ventas. Si tienes una clínica, tus enfermeras, recepcionistas y doctores son tu fuerza de ventas. Tu fuerza de ventas debe de estar preparada para ofrecer el mejor producto y servicio basándose en el siguiente punto.

• **Haz recomendaciones conforme a las necesidades del cliente.** Kelly me recomendó (vendió, en realidad) una enorme arrachera, lo cual a la mayoría de los hombres en mi opinión nos encanta. A mi esposa le recomendó algo un poco más ligero, un platillo con ensalada, lo que para una mujer que le gusta cuidar de su figura y salud le suena muy apetecible. Kelly supo perfilar nuestros gustos y supo hacer recomendaciones acorde. Pero, ¿qué hubiera pasado si hubiera hecho las recomendaciones al revés, si a mi esposa le hubiera recomendado la arrachera y a mi el plato con ensalada? Muy posiblemente hubiéramos pedido cualquier otro platillo.

Es increíble como muchos vendedores hacen labor de ventas basados en gustos personales, no en los gustos del prospecto o cliente. Por ejemplo, si vas a la tienda de servicios de telefonía celular y te ha tocado tratar con un vendedor inexperto, seguramente habrá tratado de venderte el plan familiar con un millón de minutos al mes y dos millones de mensajes de texto (o algo similar) cuando en realidad no lo necesitas. Esto es una exageración, pero ejemplifica que muchas veces por querer hacer una venta rápida, el vendedor termina ofreciendo algo totalmente inapropiado para el cliente y termina espantándolo. Haz recomendaciones acorde a las necesidades del cliente.

• *Inspira confianza.* "¿Ya están listos para ordenar?, antes que nada me gustaría sugerirles nuestra carne arrachera, que es preparada con carne de la más alta calidad, este año ganó el premio como el mejor platillo de la ciudad, esta riquísimo, a mi en lo personal me encanta, cada vez que viene mi novio a cenar siempre pide el mismo platillo, es en verdad exquisito. La carne es súper jugosa y viene acompañado de vegetales, ¿te gustaría probarla esta noche?".

¿Cómo decir que no a esa presentación? Kelly supo inspirar confianza en el platillo que nos recomendó. Obviamente en ese momento no tenia el tiempo para investigar si en realidad el platillo era el mejor en la ciudad, pero definitivamente sus comentarios inspiraron mi confianza, curiosidad y apetito para probarlo. A la fecha no se si en realidad el platillo ha ganado algún premio, pero sigue siendo mi favorito del restaurante. Así como Kelly supo inspirar confianza en el platillo, tú y tus vendedores deben encontrar una manera honesta de generar confianza en tus productos o servicios. ¿Qué es aquella cualidad que tu negocio ofrece que tus clientes no podrán encontrar en ningún otro lugar?

Bueno, tu tarea es encontrar esa cualidad e inculcarla en tu fuerza de ventas dentro de su presentación de tus productos o servicios.

• *Haz seguimiento.* Al igual que Kelly, que regresaba a nuestra mesa constantemente para preguntar si algo se nos ofrecía, de la misma manera debes estar en constante contacto con tu cliente para hacer seguimiento. No solamente debes hacer seguimiento mientras estás frente a tu cliente, es de igual importancia hacer seguimiento una vez que la venta se ha hecho. Si has comprado un auto nuevo, posiblemente (al menos que te haya atendido un súper profesional) te habrá tocado la experiencia que tu vendedor nunca te llamó unas semanas después para preguntarte como ha funcionado tu auto, ni te llamó unos meses después para saludarte, ni te llamó unos años después para ofrecerte una excelente oferta si es que ya era tiempo de comprar un auto nuevo. Posiblemente, si tu vendedor se hubiera tomado el tiempo para estar en constante contacto contigo, hubieras hecho otra compra con él, o definitivamente lo hubieras recomendado con algún familiar o amigo. Estas son las oportunidades que estás dejando ir si no estás en contacto constante con tus clientes. Ni te volverán a hacer una compra, ni te recomendarán con nadie.

• *Pide referidos.* Para terminar con el ejemplo de Kelly, nos despidió con una sonrisa y nos dio algunos volantes con descuento para repartir entre nuestros familiares y amigos. ¿Qué crees que pasó con esos volantes?, ¿terminaron en la basura? claro que no. Esos volantes terminaron en manos de otras personas que fueron al restaurante y terminaron siendo clientes leales. Estábamos tan contentos y satisfechos con nuestra experiencia en este lugar que teníamos muchas ganas de compartir esta experiencia con cuantas personas pudiéramos.

Recuerda esto, la mejor fuente para obtener nuevos clientes son tus clientes satisfechos. Para que esto suceda indudablemente debes pedirles expresamente a tus clientes que te recomienden con otras personas. Lo ideal es que proveas a tus clientes con algún tipo de volante, cupón de descuento o tarjeta de regalo, para que de esta manera no se olviden de pasar la voz.

MERCADEO PERSONAL

Si eres un vendedor o vendedora, tu marca personal es también uno de los elementos más importantes de tu carrera en el mundo de las ventas. Tu marca personal va más allá del producto o servicio que puedas ofrecer como profesional.

Si tu carrera es la de ventas, tu marca en realidad es tu persona, la imagen que proyectas al momento de estar frente a un cliente o prospecto y la imagen que haces visible de ti por medio de los canales de mercadeo que uses. Uno de los mejores ejemplos de mercadeo personal fue creado en el año 2008, cuando el contendiente para la presidencia de Estados Unidos, Barack Obama ganara la presidencia después de haber creado una marca personal tan bien formulada que lo convirtió en el Presidente número 44 de dicha nación. Su "personal branding" incluyó una llamativa página de internet, la cual le permitía a sus visitantes unirse a su lista de correo electrónico, un logotipo redondo de fondo azul y blanco con líneas rojas representando los colores de la bandera de Estados Unidos, el eslogan "Obama for America" (Obama para Estados Unidos), pósters representativos de esperanza ("hope") con la imagen de su rostro en colores rojo, blanco y azul, fotografías profesionales, uso de tipografía en todo su material publicitario, y una campaña en páginas de redes sociales (facebook, twitter y myspace) lo que le ganó la atención de los votantes más jóvenes. En la historia del país nunca se había visto un candidato que hubiera hecho uso de la creación de una marca personal tan bien creada, lo que lo llevó a ser el primer presidente de color del país.

Otros ejemplos de marca personal son Donald Trump, el magnate Americano de bienes y raíces cuyos proyectos de desarrollo incluyen su apellido. Otro ejemplo fueron los tenis marca Michael Jordan, que en su momento fueron un éxito ya que el basquetbolista disfrutaba de su época de oro como jugador, no porque los manufacturara la empresa Nike.

Una marca personal bien desarrollada crea influencia en las personas que la ven y crea una reputación, te da credibilidad como profesional y te pone muy por encima de los demás.

Fotografías personales. El primer paso para desarrollar una marca personal exitosa es usar fotografías personales tomadas profesionalmente. Y no solamente la fotografía debe ser profesional, un buen corte de cabello o coloración de cabello si eres mujer, propiamente rasurado o depilada, uñas bien arregladas, una sonrisa cálida y un atuendo propio para tu profesión proyectarán una excelente imagen de ti. El ángulo en el que sea tomada la fotografía también es importante, debe ser siempre de frente o de lado tomando tu mejor ángulo, y tu mirada debe ver siempre a la cámara. Una fotografía personal profesional nunca debe ser tomada con tu mirada hacia abajo o hacia arriba, ni la cámara debe estar a una altura mayor de tus ojos ni menor de tu pecho. El atuendo puede variar dependiendo de tu área de especialidad. Si tu trabajo es de oficina (contador, banquero, ingeniero, etc.), un saco oscuro, una camisa o blusa clara (evita colores brillantes), y una corbata (si eres hombre) harán un buen trabajo. Si tu especialidad es de mano de obra, como un mecánico o constructor, tu uniforme habitual debería ser tu atuendo para tu retrato. Las personas que lleven su auto a reparación, no esperan que el mecánico los atienda vestido de traje y corbata, así que tu vestimenta debe ser acorde a tu profesión. Solamente asegúrate de que este bien planchada y limpia.

Logotipo personal. El logotipo puede tener la forma propia de un logotipo, o simplemente puede ser tu firma. Si es tu firma, debe ser creada digitalmente, con un tipo de letra que asemeje la escritura a mano. Nunca uses tu firma real para crear material publicitario. Nunca sabes quien quiera usar tu firma para fines ilícitos.

Eslogan o misión personal. Un eslogan personal va más allá del eslogan de tu compañía y representa lo que tú como profesional tienes para ofrecer. El eslogan personal hace una conexión más individual con tus clientes y prospectos, lo que te pone en sus ojos como un verdadero profesional en tu área. Tu eslogan personal debe ser estrictamente eso, personal. Deja a un lado lo que tu compañía ofrece y proyecta en tu eslogan tu mejor cualidad para que la gente sepa por que deberías ser tú el indicado para que ese prospecto o cliente haga negocios contigo.

Uso de redes sociales. Las populares redes sociales como facebook, myspace, linkedin y twitter son una excelente manera de hacer conocer tu marca personal. En el uso de este tipo de redes sociales, debes asegurarte que la información que compartes sea de uso exclusivamente profesional. Si no estás familiarizado con el uso de privacidad de las redes sociales, lo recomendable sería tener cuentas separadas, una para uso personal y otra para uso profesional. Asegúrate de compartir material que sea valioso para otras personas, no solamente uses las redes sociales para tratar de vender, ya que el uso abusivo de estas páginas para uso comercial puede ser calificado como "spam" o basura, lo que terminará por inhabilitar tu cuenta.

Blog o website personal. Si te gusta escribir, puedes compartir tus conocimientos por medio de un blog. Un blog te permite escribir a cerca de temas de los cuales eres experto. El contenido de tu blog será visitado por motores de búsqueda como google, bing o yahoo y la información que capture quedará guardado en sus servidores. Cada vez que alguien entre a estas páginas y busque información referente al tema que has escrito, es muy posible que tu página aparezca dentro de los resultados de la búsqueda, lo que te dará exposición a personas a nivel mundial interesadas en tu área de conocimientos.

Lo más importante al crear una marca personal, es dedicarte a lo que realmente te apasiona. Nada destruye tu marca personal como el brincar de profesión en profesión. Si cambias de compañía o de área de especialidad de manera contínua, pierdes toda credibilidad frente a las personas que te conocen y frente a tí mismo. Por ejemplo, he conocido personas que un día se hacen llamar expertos en finanzas, para unos meses después hacerse llamar expertos en productos de salud, y después tratar de hacerse ver como expertos en venta de autos. Esto no funciona. Como dicen por ahí, "el que mucho abarca, poco aprieta". Encuentra una profesión que te apasione, trabaja para aprender lo más que puedas de ella y especialízate. Esto es lo que le dará a tu marca personal el sello de confianza y credibilidad.

"Si no tienes un plan,
estás planeando fracasar."

4

CREANDO
ESTRATEGIAS

Muchos empresarios dedican más tiempo para planear sus vacaciones que para planear sus estrategias de negocio. Un plan de mercadeo es requisito para el éxito en los negocios. Ninguna compañía exitosa llegó a la cima por mera coincidencia. En los negocios la suerte no existe. Los empresarios que lograron el éxito lo hicieron a propósito, no por azares del destino.

Es cierto que muchos negocios no tienen un plan de mercadeo no por falta de capital o de ganas, sino por falta de conocimientos para llevarlo a cabo. Esta sección es vital ya que aprenderás el proceso que te llevará paso a paso para crear un plan de mercadeo exitoso.

PSICOLOGÍA DEL MERCADEO

Para que un plan de mercadeo sea exitoso, es escencial saber por qué y cómo es que la gente compra ANTES de aprender estrategias para venderles. El arte y ciencia del mercadeo se basa en una de las fuerzas más poderosas en el universo: la psicología humana. El proceso por el cual el mercadeo convierte a un espectador en cliente es un proceso meramente cognitivo guiado en mayor parte por la emoción, y en menor parte por la razón. Es importante explicar algunos detalles sobre cómo trabaja la mente humana, de esta manera comprenderás por que las estrategias explicadas en este libro requieren de ciertas acciones específicas.

• *El mercadeo crea un proceso mental cognitivo.* Para que este proceso sea efectivo, el mercadeo debe encender las emociones de la audiencia. Por ejemplo, si pones atención a un comercial de cerveza, te darás cuenta que el comercial no explica cómo es que se crea la cerveza, o que tipo de granos se usan para su elaboración, o como la embotellan. Este tipo de comerciales proyectan la idea de pasar un buen rato con amigos, amigas o con la familia disfrutando del producto. Lo que se vende en los comerciales no es la cerveza, sino la emoción, el sabor y el buen rato que se pasará si se consume la bebida.

• *Los humanos aprendemos con la repetición.* Cuando éramos niños, aprendimos a leer después de meses de práctica, práctica y más practica. Nunca he escuchado de algún niño que haya aprendido a leer o a escribir después de 5 minutos de haber comenzado su aprendizaje. De igual manera con el mercadeo, los seres humanos necesitamos estar expuestos a esa marca, comercial, anuncio, producto o servicio de manera constante, hasta que su nombre e identidad se queden grabadas en nuestra mente. Tampoco podemos esperar que una persona aprenda el nombre de nuestro negocio o marca después de haber sido expuesto a ella por unos minutos. Se dice que para que una persona preste verdadera atención a un anuncio en una revista o periódico, deberá de haberla visto por lo menos 8 veces antes de prestar verdadero interés en el servicio o producto que se ofrece. La clave es la repetición.

• *Los humanos nos olvidamos de lo mismo.* Tal vez te ha pasado que llegas a la casa de un amigo o familiar y la casa tiene un delicioso aroma a flores. Entras a la casa y el olor se vuelve más penetrante, pero después de unos minutos te sientas, entablas conversación, y aparentemente el olor desaparece. En realidad el olor sigue ahí, pero has sido expuesto al mismo olor por demasiado tiempo y tu olfato se ha acostumbrado a él, por lo tanto ya no lo detectas. Lo mismo sucede con el mercadeo. Si tu negocio ha estado en el mismo lugar durante 10 años, posiblemente al momento de inaugurarlo todo el barrio habló a cerca de él, pero después de un tiempo, tu negocio se volvió tan común que la comunidad se volvió "ciega" a él. Lo mismo sucede con los anuncios en televisión, radio y medios impresos. Si repites el mismo anuncio por un largo periodo de tiempo, la audiencia se acostumbrará tanto a él que de igual manera, terminará volviéndose "ciega" a tu imagen.

• *Los humanos necesitamos cambio.* Entonces, que pasaría si en el ejemplo anterior, digamos que llegas a la casa de tu amigo, entras y la casa huele riquísimo, y después de 15 minutos rocían otro perfume alrededor de la casa. Después de unos minutos rocían otro perfume, y antes de irte, rocían otro más. Indudablemente, prestarás atención a cada olor y te preguntarás cómo olerá la siguiente fragancia. De la misma manera, en el mercadeo se necesita cambiar la imagen, idea, o mensaje que se proyecta. Esto puede traducirse como cambiar los anuncios publicitarios en medios, o puede llegar a ser un cambio total de imagen del negocio, que incluya rediseñar su logotipo, crear un nuevo eslogan, o un cambio en la manera en la que se atiende al cliente o se procesan órdenes.

• *Los humanos realizamos una compra por dos razones*

básicas. ¿Alguna vez te has preguntado cuál es la razón básica por la que tus clientes compran tu producto o servicio? La respuesta es simple, tan simple que generalmente pasa totalmente desapercibida por empresarios y gerentes de mercadeo al realizar los planes de marketing. Los humanos compramos por dos razones escenciales: la necesidad de evitar un problema, o por el impulso de recibir placer. Por ejemplo, el comprar un seguro de vida o de accidentes es para evitar el problema de no contar con un sustento económico en el caso de un accidente o muerte. Básicamente, el mayor impulso que lleva a una persona a comprar un seguro de vida es el miedo de no tener un sustento económico en la situación de que una desgracia suceda. Por otro lado, lo que lleva a una persona a comprar un auto último modelo es el impuso de sentir placer al convertirse en dueño de ese auto. En este caso, el ser dueño de dicho auto no es una necesidad, que yo sepa nadie se ha muerto por no comprar un auto último modelo, pero el motor principal que lleva a la persona a comprar el auto es el impulso de sentir placer de estar al volante, sentir la rapidez del vehículo, o de sentirse dueño de un auto elegante. En otras palabras, el cliente toma la decisión de compra porque subconscientemente se ha hecho una imagen en su mente de cómo será la experiencia de ser el dueño del producto o servicio ANTES de realmente serlo.

• ***Los humanos somos persuadibles.*** Si una persona no tiene la necesidad o no siente el miedo o impulso de buscar el placer de comprar un producto o servicio, es posible persuadirle para que lo haga. No se trata de manipular a la persona para que compre algo que no necesita, estoy totalmente en contra de ese tipo de estrategias. Se trata de hacerle ver a la persona el posible peligro o el posible placer que puede recibir al ser dueño o dueña de tu producto o servicio. Se trata de hacer sentir a la persona en la situación de tener la necesidad o posesión de dicho producto o servicio antes de que literalmente lo sea.

• *Los humanos somos compradores sociales.* Aunque la psique humana es igual independientemente de la cultura o lugar de origen, nuestra idiosincrasia juega un rol muy importante al momento de realizar una compra. Por ejemplo, si a la mayoría de Hispanos inmigrantes en los Estados Unidos intentas venderles un plan de ahorros, si eres un buen vendedor posiblemente tendrás éxito. Pero si en lugar de vender un plan de ahorros, le planteas a la persona comprar un plan que le ayudará a la persona a "hacer más dinero", seguramente tendrás más éxito. Técnicamente puede ser el mismo plan, pero la manera de presentarlo es lo que puede hacer una enorme diferencia. La razón detrás de esto, es que la gran mayoría de los Latinos que emigran a los Estados Unidos lo hacen con la mentalidad de "ganar dinero". "Yo me voy a ir a los Estados Unidos a hacer dinero", es lo que muchos tienen en mente. Es por eso que si presentas tu plan como una estrategia para "ahorrar dinero" no tendrás el mismo éxito, ¿por qué? Simplemente porque de la idea de "ahorrar dinero" no está tan bien plantada dentro de la idiosincrasia de este grupo étnico en particular como la idea de "ganar dinero".

EL SECRETO DETRÁS DEL ÉXITO EMPRESARIAL

Había una vez un pescador muy conocido en su puerto. Este hombre había empezado a pescar desde su adolescencia, por lo que había acumulado mucha experiencia en alta mar pescando atún y otro tipo de pescados. El pescador había ahorrado gran parte de su salario por mas de 20 años, lo que era suficiente para comprar 3 pequeños barcos pesqueros. Había escuchado rumores por parte de otros pescadores que en una lejana playa al occidente de su puerto se apareaban ballenas, y que los pescadores que lograban capturarlas acumulaban pequeñas fortunas. Esta idca llenó de emoción al pescador, así que decidió renunciar a su trabajo e invertir todos sus ahorros en comprar los barcos y contratar algunos pescadores. Por fin llegó el día de salir a alta mar. Pasaron 2 días y ninguna ballena aparecía. Pasó una semana y aun no tenían nada. Pasaron 20 días, y después de mucha presión de la tripulación, el pescador decidió regresar a su puerto. En el camino de regreso, una enorme tormenta los esperaba, la peor de los últimos años. Los barcos se hundieron, y el pescador terminó perdiendo todo. Después de 20 años de arduo trabajo, el pescador tenía que comenzar de nuevo.

El pescador pudo salvar su vida y la de sus tripulantes. A su regreso furioso fue a buscar a aquellos pescadores de los que había escuchado a cerca de las ballenas. Después de haberles contado su travesía, los pescadores sorprendidos le dijeron... "el tiempo de apareamiento terminó hace 4 meses, ¡tuviste que haber esperado hasta el siguiente año!"

Esta historia ejemplifica la realidad que muchos empresarios viven por aventarse a la aventura de "la oportunidad de su vida", sin realmente conocer en lo que se están metiendo, y muchas veces terminan perdiendo lo que les ha tomado años en acumular.

Lo esencial para no fracasar en cualquier tipo de negocio es estar bien preparado y conocer el territorio de juego lo mejor posible, pero también existen los casos de empresarios que conocen de pie a cabeza, de adentro hacia afuera su profesión pero terminan fracasando. De la misma manera hay empresas que invierten cantidades millonarias de capital en lanzar un nuevo producto, servicio o en expandirse, pero todos los recursos invertidos terminan en fracaso.

Estudio de mercado. Uno de los peores errores que puedes cometer con tu empresa es asumir que la gente va a comprar tu producto o servicio por el simple hecho de que cuentas con el capital, conoces tu profesión, o simplemente tienes "la corazonada de que todo va a salir bien". Si piensas abrir una nueva sucursal, lanzar un nuevo producto o servicio sin antes haber hecho un estudio de lo que realmente quieren, buscan y necesitan tus clientes y prospectos, es como si estuvieras manejando un auto de carreras con los ojos vendados.

El hacer un estudio de mercado te permite visualizar el panorama en el que está tu negocio, tu industria y te hace ver claramente las oportunidades y posibles situaciones de desastre que existen para tu empresa.

El colectar información de tu mercado, analizarla, interpretarla y usarla para realizar un plan de mercadeo o de negocios es lo que se conoce como estudio de mercado. Por cierto, un mercado NO es donde compras tus frutas y verduras (por lo menos no en este libro). Tu mercado es el grupo de personas que pueden convertirse en tus clientes. Un nicho en el mercado, es un grupo más selecto de personas que cuentan con el dinero para comprar tu producto o servicio, y que tienen la necesidad de adquirirlo.

Es casi imposible crecer tu negocio sin antes hacer un estudio de mercado. Todas las compañías que empezaron con comienzos humildes, y que ahora vez anunciándose en televisión o radio, llegaron a donde están gracias a la información colectada por medio de estos estudios.

Un estudio de mercado te permite conocer de mejor manera a tus clientes, sus hábitos de compra, ubicación y preferencias, para que una vez que tengas esta información puedas tomar mejores decisiones de cómo invertir tu dinero y tiempo al momento de llevar a cabo un plan de mercadeo. El estudio de mercado también te permite conocer de mejor manera a tu competencia, las estrategias que utilizan para atraer nuevos clientes, sus precios, y como puedes utilizar tus recursos para que tu competencia deje de ser en realidad competencia.

¿Qué hubiera sucedido en el caso del pescador, si desde un principio hubiera hecho su estudio de mercado antes de haber partido a alta mar? Posiblemente hubiera esperado hasta el siguiente año y se hubiera evitado el peor desastre de su vida. De igual manera, si inviertes los recursos necesarios para llevar a cabo un estudio de mercado puedes evitar un desastre mayor para tu negocio y tu vida. Esto ejemplifica que el tener información de tu mercado, ANTES de mover tus piezas juega un rol importantísimo en tu negocio para que llegue a ser una empresa exitosa.

Realizando el estudio de mercado. Para llevar a cabo un estudio de mercado tienes dos opciones: colectar información por tu propia cuenta o acceder a información que ya está disponible, como reportes del gobierno, información publicada en los medios (periódicos y revistas especializadas en tu industria), información publicada en libros, el censo, o información colectada del internet.

Para realizar el estudio de mercado por tu propia cuenta, puedes hacerlo internamente (tú y tus empleados) o contratar una agencia o consultor que haga el trabajo por ti. Si este es el caso, simplemente debes esperar a que tu agencia colecte la información, te la presente y tomar decisiones basadas en la información colectada.

Si piensas llevar internamente tu estudio de mercado, puedes colectar información de 3 maneras: cuestionarios escritos (por correo, email o contestados en tu negocio), llamadas telefónicas y cuestionarios hechos en persona. Independientemente del tipo de cuestionario que uses asegúrate de cubrir los siguientes puntos:

• Las preguntas que hagas deben ser cortas y al punto.
• Incluye algún tipo de recompensa a cambio de contestar las preguntas (algo gratis o un descuento en la siguiente compra).
• El cuestionario debe ser corto, no más de 2 páginas.
• Si el cuestionario es por correo, incluye un sobre de retorno prepagado.
• Incluye una hoja de presentación explicando las razones del cuestionario.

Tu cuestionario debe hacer preguntas que te permitan colectar información clave de tu negocio, tus clientes y tu competencia. Algunos ejemplos de estas preguntas son:

• ¿Usted vive o trabaja en esta área?
• ¿Por qué compra en nuestro negocio?
• ¿Cómo supo a cerca de nuestro negocio?
• ¿Qué tan seguido usa nuestros productos o servicios?
• ¿En qué aspectos considera que podemos mejorar?
• ¿Le gustaría que hiciéramos cambios en nuestro horario? , ¿qué cambios?
• ¿Cuál es su edad?
• ¿Qué otro negocio similar al nuestro visita en nuestro barrio?
• ¿En qué aspectos considera que ese otro negocio es mejor al nuestro?
• ¿En qué aspectos considera que nuestro negocio es mejor al otro?

Para un ejemplo de estudio de mercado visita

CarlosFlores.net/socios

En resumen: abre los ojos a las necesidades reales de clientes y prospectos. Mientras mejor sirvas sus necesidades específicas, más comprarán en tu negocio.

HACIENDO UNA RADIOGRAFÍA DE TU NEGOCIO

Así como un jefe militar no manda a sus soldados al campo de batalla sin antes haber planeado y haber hecho un análisis de las fortalezas, debilidades, oportunidades y amenazas de su pelotón, así tampoco deberías gastar ni un solo centavo en un plan de mercadeo sin haber hecho el mismo análisis para tu negocio.

Es fundamental que para que tu estrategia de mercadeo sea un éxito hagas un análisis interno a profundidad de tu negocio y del ámbito en el que se encuentra. Si no haces este análisis básicamente estás llevando tu negocio a ojos cerrados, y de igual manera como si manejaras un auto con los ojos tapados, indudablemente vas a terminar por salirte del camino o hacerte pedazos cuando choques con algún obstáculo.

Este análisis es conocido como F.O.D.A, cuyas siglas significan Fortalezas, Oportunidades, Debilidades, y Amenzas. Este análisis te permite ver tu negocio de forma realista y objetiva, te ayuda a visualizar de mejor manera tus objetivos y determinar los factores que pueden ayudar o entorpecer el logro de dichos objetivos.

Este análisis incluye dos tipos de factores:

• *Factores internos.* Estos factores son todos aquellos que puedes controlar. Estos factores son tus fortalezas y debilidades. Los factores internos son todas aquellas cosas que tu negocio, producto o servicio tiene para ofrecer al cliente y que lo distinguen de la competencia. Algunos de estos factores son tus precios, la calidad de tus servicios, ubicación e instalaciones de tu negocio. Los factores internos pueden convertirse en una fortaleza o debilidad para tu negocio. Por ejemplo, si ofreces el mismo producto que la competencia más cercana pero lo ofreces a un precio menor, entonces es una fortaleza, pero si lo ofreces a un precio más alto, entonces se convierte en una debilidad.

• **_Factores externos._** Estos son todos aquellos factores que no puedes controlar pero en los que puedes ejercer un impacto. Estos factores son todos aquellos en el ambiente que pueden influenciar el desempeño de tu negocio, tales como la economía, el ambiente, la temperatura, etc. Estos factores determinan las oportunidades que existen para tu negocio, pero también determinan las amenazas que pueden detenerlo. Por ejemplo, supongamos que estás en el mercado de bienes y raíces y tu enfoque es la venta de casas familiares. En este momento el mercado de ventas de casas está en crisis, pero el mercado de venta de propiedades comerciales está en aumento. En este escenario tu especialidad se convierte en una amenaza. Pero por el contrario, si tu enfoque es la venta de propiedades comerciales, entonces tu especialidad se convierte en un arma para abrir enormes posibilidades para tu negocio.

El ejecutar este análisis te ayudará a prevenir que tu compañía sufra de gastos o dolores de cabeza innecesarios, ya que te permitirá anticipar si la estrategia que planeas te dará los resultados que buscas. El ejecutar propiamente este análisis te ahorrará mucho dinero y tiempo, si es que usas la información que obtendrás como resultado del análisis. También te ayudará a encontrar la manera de convertir tus debilidades en fortalezas, y tus amenazas en oportunidades.

Para realizar un análisis F.O.D.A. debes seguir los siguientes pasos.

1. Dale un vistazo a factores externos.
Analiza que está haciendo tu competencia, que eventos relevantes están sucediendo en tu industria, que factores sociales pueden ayudar o entorpecer la estrategia que estás planeando.

2. Analiza otras estrategias que ya se están utilizando.
Si estás corriendo anuncios actualmente en radio o TV, determina si están dando resultados. Si estás distribuyendo volantes, tarjetas de regalo o cupones, determina cual ha sido el efecto de las estrategias en tus ventas o ganancias.

3. Establece nuevas estrategias. Define nuevas estrategias, el lapso de tiempo por el cual estarán vigentes y el presupuesto destinado.

4. Establece medidas para determinar si la nueva estrategia ha funcionado o no. Determina el número de ventas, ganancias o visitas a tu website al que te gustaría llegar.

Establece una meta realista, recuerda que el gran truco de la mercadotecnia es la repetición y constancia. No esperes resultados mágicos de la noche a la mañana (aunque pueden suceder).

De igual manera es importante hacer un análisis F.O.D.A. de tu competencia. De esta manera podrás ver de una mejor manera a tu competencia y las estrategias que usa. Al hacer un análisis F.O.D.A. de tus competidores te darás cuenta que algunos de los recursos que tu ellos tienen como debilidades, tal vez tu negocio los pueda implementar como fortalezas y así aumentar tus ventas.

ANÁLISIS F.O.D.A.

¿Qué tiene mi negocio para ofrecer? ¿De qué carece mi negocio ? ¿Cómo obtener esta información? • Encuestas a clientes. • Encuestas a empleados. • Qué capacidades tiene mi negocio. • Recursos de mi negocio (capital, marca, locaciones, etc.) • Procesos de tu negocio	*Fortalezas.* Mantenerlas y seguirlas construyendo. Enlista todas las fortalezas que tiene tu negocio. Se modesto.	*Debilidades.* Remediar o detener Enlista todas las debilidades que tiene tu negocio. Se realista.
¿Qué sucede en mi industria? • Eventos en la industria de mi negocio • Eventos relevantes de la economía • Estrategias de mi competencia	*Oportunidades* Invertir recursos en ellas. Enlista las oportunidades que tu ambiente te prepara para el futuro inmediato y futuro lejano.	*Amenazas* Identificarlas y hacer un plan de ataque. Enlista las amenazas presentes y futuras.

Para bajar una forma F.O.D.A en blanco para tu uso personal visita CarlosFlores.net/formas

EJEMPLO DE ANÁLISIS F.O.D.A

Estrella Boutique
Objetivo: incrementar ventas para el último trimestre del
año.

Fortalezas	*Debilidades*
• Selección de prendas finas de temporada para mujer. • Clientela leal. • Servicio personalizado a cada cliente. • Procesamos ordenes en línea.	• Servicio limitado cuando la clientela incrementa. • Precios un poco más altos que las tiendas departamentales nacionales. • Presupuesto limitado para mercadeo.
Oportunidades	*Amenazas*
• Un incremento sustancioso en ventas para las fechas navideñas y de fin de año. • Introducir piezas únicas que no se encuentran en tiendas departamentales.	• Las tiendas departamentales reducen significativamente sus precios en estas fechas. • Si las ventas incrementan significativamente, mi inventario se puede agotar rápidamente. • Si las ventas no incrementan lo esperado, me puedo quedar con gran parte del inventario.

PLAN DE ACCIÓN.

• Promover semanalmente a la lista de email de clientes las ventas especiales, ofreciendo un descuento si ordenan por internet, de esta manera se evita el problema de no contar con el inventario, ya que la orden saldrá directamente de mis proveedores en lugar de mi tienda.

• Ofrecer cupones de descuento a los clientes para uso personal, para sus familiares y amigos.

• Consulta de desarrollo de imagen gratis para todos los clientes.

• Distribuir volantes y pegar posters en las ventanas anunciando las ofertas de la temporada con imágenes de las prendas únicas, haciendo énfasis que no se pueden encontrar en ninguna otra tienda.

• Poner un anuncio en el periódico local por 1 mes consecutivo para promover la venta especial de navidad con prendas únicas, invitando a la comunidad a lucir prendas exclusivas en las fechas decembrinas.

COMO DEFINIR TU MERCADO

No puedes pegar en un objetivo que no vez. Una de las preguntas más importantes que hago en mis servicios de consultoría para empresarios al crear una estrategia de mercadeo es: ¿quiénes son tus clientes?. Me sorprende que muchas veces, los empresarios no tienen la menor idea de la respuesta. El manejar así un negocio puede llevar a gastar cantidades de dinero enormes para promover un producto o servicio que un determinado grupo de personas simplemente no comprará. Para que tu negocio sea exitoso es esencial que no asumas que cualquier persona comprará tu producto o servicio. Al definir un mercado tu negocio incrementará sus ventas, proyectará una imagen de mayor credibilidad, reducirá sus gastos en mercadeo y aumentará el retorno en esta inversión.

Al definir tu mercado, tu negocio se convierte en el especialista, el experto, el mejor en lo que tu negocio tiene que ofrecer.

Al definir tu mercado, estableces parámetros que usarás en todo el proceso de mercadeo, desde la creación de tu marca hasta la creación de campañas publicitarias en medios. Una ves que has identificado tu mercado, sus necesidades y problemas, tu misión es convertir tu negocio en la fuente de soluciones para satisfacer esas necesidades y resolver esos problemas.

El definir un mercado te ayudará a que tus estrategias de mercadeo sean más exitosas, ya que en lugar de invertir dinero y tiempo en publicitar tu negocio a todo el país, todo el estado, o toda la ciudad (el mercado en general), estarás invirtiendo tus recursos para hacer llegar tu negocio a un grupo selecto de personas que necesitan de tus productos y servicios. El objetivo es hacer llegar la imagen de tu producto o servicio a las personas con más posibilidades que se conviertan en tus clientes.

Identificar tu mercado es un proceso que te permite crear un perfil exacto de quienes han sido tus clientes en el pasado y quienes serán mas propensos a convertirse en tus clientes en el futuro. De esta manera podrás vestir tus productos y servicios con un atuendo que sea atractivo a tus clientes actuales y sea un imán de prospectos.

Para lograr definir con exactitud tu mercado debes definir la siguiente información:

Información demográfica. Definir tu mercado consiste en crear un perfil de tus clientes y prospectos: edad, sexo, estado civil, nivel de ingresos y nivel de educación. Pregúntate:
• ¿En qué áreas geográficas se encuentran localizados mis clientes y prospectos?
• ¿Cuál es el rango de edad de mis clientes?
• ¿Mis clientes son hombres o mujeres?
• ¿Cuál es el estado civil de mi clientela?
• ¿Qué nivel de ingresos tiene?
• ¿Cuál es su nivel educativo?

Llamados de acción. Una vez que has determinado el perfil demográfico de tu mercado te debes preguntar que factores determinan que tu mercado tome acción para comprar. La mejor manera para saber esta información es realizando encuestas. Las encuestas son una arma poderosa que muchos negocios no utilizan, pero que de ser usada propiamente puede ayudarte a ver tu negocio desde la perspectiva de tus clientes. Puedes realizar encuestas en tu negocio a tus clientes actuales pidiéndoles que llenen un cuestionario a cambio de entrar a una rifa (a la mayoría de las personas les agradará participar sabiendo que pueden ganar algo), o a cambio de un descuento en su siguiente compra. Las encuestas pueden ser realizadas por escrito o por medio del internet. El colectar esta información te ayudará a perfilar de mejor manera tu mercado y entender sus necesidades y gustos.

Una vez que has creado un perfil de tus clientes, es importante:

• Saber cuales son sus hábitos de compra.
• Determinar cómo es que tu compañía puede ser la mejor opción para satisfacer esos hábitos.
• Conocer cuales son los motivos que hacen que tu mercado compre.
• Proyectar posibles cambios en tu mercado a corto y largo plazo.
• Determinar cómo tu negocio atenderá a esos cambios.
• Determinar qué medios leen, ven y escuchan.
• Conocer qué portales en internet visitan.

Para un listado de compañías que ofrecen servicios de encuestas por internet visita CarlosFlores.net/socios.

CREANDO UN PRESUPUESTO

El tener un presupuesto de mercadeo es esencial para que tus ventas estén en constante aumento y tu negocio florezca. Lo que es más importante aún es que una vez hagas tu presupuesto, tú y tu equipo se disciplinen para cumplirlo. El crear un presupuesto por escrito tiene varias ventajas:

• Te ayuda a crear una proyección de las ventas que quieres lograr durante un periodo determinado de tiempo. El tener una visión clara de los resultados que quieres lograr durante el siguiente mes, trimestre, semestre o año te ayudará a hacer lo necesario para poner las piezas en su lugar y lograr cumplir tus metas.

• Te ayuda a tener un mejor control de tus inversiones en mercadeo. El disciplinarte a no salirte de tu presupuesto de mercadeo te ayudará llevar un mejor control de tu capital.

• Te disciplina a designar un capital exclusivamente para mercadeo. Hay compañías que destinan el 30% de sus ventas totales exclusivamente para sus inversiones en marketing, hay otras que destinan el 15% y hay otras que destinan el 0%. Definitivamente tú no quieres que tu negocio sea parte de las que destinan el 0%. Si tu negocio ha pertenecido a este grupo, comienza por destinar un 5% de tus ventas para este fin, usalo sabiamente y auméntalo conforme comiences a experimentar resultados.

• Te permite hacer ajustes. El crear un presupuesto te permite ver exactamente en que canales de mercadeo usas tu dinero y que respuesta te genera cada uno de ellos para de esta forma poder hacer cambios cuando sea necesario. Si no ves resultados, sabrás donde hacer ajustes.

Puntos para tomar en cuenta antes de crear un presupuesto de mercadeo

• Muchas veces tu audiencia necesitará escuchar de tu negocio por lo menos 8 veces para convertirlos en prospectos, así que asegúrate que el presupuesto que desarrolles te permita llegar a tu audiencia por lo menos 8 veces.

• El tener un gran presupuesto no te garantiza un aumento en tus ganancias. Toma por ejemplo el caso de Pets.com, que en sus comienzos en el año 1999 y tras una inversión de $

300 millones de dólares por parte de inversionistas, terminaron en la bancarrota 1 año después por exceso en gastos publicitarios que incluyó anuncios en periódicos, radio, revistas y un anuncio en el Súper Tazón. Al hacer una proyección de ventas, debes asegurarte que la cantidad de dinero que invertirás en mercadeo no es superior a la de las ventas que proyectas.

• Mientras más canales de mercadeo uses, más resultados tendrás ya que tu audiencia, prospectos y clientes estarán expuestos de manera más contínua a tu negocio. Como sabiamente dicen, no pongas todos los huevos en la misma canasta.

• Determina los objetivos para tu estrategia de marketing. Ya sea incrementar ventas, aumentar hits en tu website o simplemente aumentar el reconocimiento de tu marca, debes tener bien claro el objetivo específico de cada canal de mercadeo.

Manos a la obra. El crear un presupuesto es simple, no requiere de matemáticas complejas ni estadísticas, es una combinación de sentido común y matemáticas simples.

• Tu presupuesto debe definir cada mes los gastos que tendrás en los diferentes canales de mercadeo que utilizas.

• Tu presupuesto debe definir cada trimestre un pronóstico de las ventas en total que tendrá tu negocio.

• Al final de cada trimestre, compara tus ventas reales con tus ventas pronosticadas. De tus ventas reales destina un porcentaje para tu presupuesto del siguiente trimestre.

• Una de las maneras para crear un pronóstico más exacto

es dar un vistazo a las ventas del mismo periodo de tiempo del año pasado. Si estás comenzando tu plan de mercadeo las cifras en ventas del año anterior pueden ayudarte a hacer un pronóstico más real.

• Si no tienes un presupuesto. Si las cosas definitivamente no van bien en tu negocio, considera hacer un plan de intercambio con un periódico o estación de radio o TV local. Si tu negocio puede proporcionarles algo que ellos necesiten, puedes intercambiar tu producto o servicio por un espacio impreso o tiempo aire.

Ejemplo. Da un vistazo a las página 108 y 109. El análisis del presupuesto para este restaurante ejemplifica con claridad como se puede trabajar en un buen plan de mercadeo a través del año. Este es el caso de un restaurante ya establecido por algunos años con una clientela leal, pero que al parecer estaba estancado en las mismas cifras en sus ventas mes con mes. El dueño del restaurante estaba en el proceso de abrir otro local en la ciudad, por lo que aumentar las ventas en su primer restaurante y atraer nuevos clientes a su nuevo restaurante sería indispensable para que el crecimiento de su negocio fuera exitoso. Hay muchos negocios que tienen un plan de expansión, pero al no tener un plan de marketing bien estructurado muchas veces terminan cerrando los nuevos negocios y hundidos en deudas.

Después de analizar la situación general y los planes de expansión de este restaurante, se estableció un plan de marketing para todo el año con un enfoque distinto en cada trimestre.

Primer trimestre. En la experiencia de años anteriores, el primer trimestre siempre ha sido el periodo del año más bajo en ventas. El primer trimestre fue invertido para rediseñar el website del negocio. El nuevo website incluye video y fotografía profesional de los platillos, un menú, y una forma para hacer órdenes en línea y por fax. Ahora los clientes de este restaurante pueden hacer una orden desde la comodidad de su computadora, teléfono celular o fax y tener la comida lista para recogerse en 15 minutos, o en su puerta en 30. El website tendría durante el transcurso del año cambios cada mes con promociones y cupones, e incluye interacción con sus páginas en facebook y twitter, que dan acceso a ofertas exclusivas para todo aquel que se haga "amigo" del restaurante. También se implementó un sistema de "email marketing" que envía promociones cada semana directamente al correo electrónico de los clientes.

El primer trimestre también se utilizó para rediseñar todo el material impreso. Se imprimieron nuevas tarjetas de presentación, volantes, menúes para llevar, menúes de mesa y se empezó una campaña de correo directo.

También como parte del material impreso se instaló una enorme pancarta en el costado del restaurante anunciando el nuevo platillo de la temporada, con una fotografía grande y llamativa. Este platillo se ofrece a un precio de descuento los lunes, que es el día de menores ventas para el restaurante. Esta oferta atrajo una enorme clientela en este día.

De igual manera se instalaron anuncios en las ventanas. Cada anuncio presenta un platillo distinto que está en descuento ciertos días de la semana. También se invirtió en uniformes nuevos y entrenamiento para cocineros y meseras.

Segundo trimestre. Para el segundo trimestre del año las ventas empezaron a aumentar significativamente. En este trimestre hay varias fechas de mayor importancia: el día de la madre, el día del padre y graduaciones escolares. Para este trimestre y a manera de atraer la mayor cantidad de clientes se hizo publicidad en medios locales: radio, TV, periódicos y revistas.

Cada anuncio le invita a la audiencia a visitar el website para ver e imprimir cupones de descuento al unirse a la lista de email marketing, por lo que el número de subscriptores aumentó significativamente, y con esto el número de clientes que llegaban al restaurante con un cupón en la mano, así como clientes que supieron a cerca de las promociones especiales por medio de facebook o twitter. En el segundo trimestre se imprimieron más volantes para promocionar el restaurante actual y la pronta apertura de la nueva localidad.

De igual manera se imprimieron menúes para llevar y los menúes de mesa para el nuevo restaurante. En el segundo trimestre se reimprimieron los menúes de mesa con los nuevos platillos. Cada trimestre se reimprimió la pancarta para el exterior del restaurante con una oferta distinta, así como los anuncios de ventanas. De esta manera la clientela estuvo consciente de que el restaurante ofrece platillos nuevos de manera constante, lo que hace que la gente regrese más seguido a probar las nuevas opciones. Otros gastos que se repiten en el segundo trimestre incluyen: diseño gráfico para el nuevo material impreso, distribución de volantes en la calle, fotografía profesional de los nuevos platillos que se ofrecen y cambios a la página de internet.

Tercer trimestre. Para el tercer trimestre el restaurantero se dió cuenta que la publicidad en revistas no funcionó, la publicidad en periódicos generó muy pocos resultados, por lo que decidió eliminar la publicidad en revistas y bajar el presupuesto para periódicos y el presupuesto restante inyectarlo a la TV y radio, lo que dio excelentes resultados.

FRESH GARDEN RESTAURANT, PRESUPUESTO DE MERCADEO

PRIMER TRIMESTRE		SEGUNDO TRIMESTRE	
Presupuesto (10%)	$28,000.00	Presupuesto	$30,000.00
Proyección de ventas	$280,000.00	Proyección de ventas	$300,000.00
Ventas reales	$293,785.00	Ventas reales	$335,721.00

MEDIOS	Enero	Febrero	Marzo	Abril	Mayo	Junio
Radio	$-	$-	$-	$1,500.00	$1,500.00	$1,500.00
Televisión	$-	$-	$-	$1,500.00	$1,500.00	$1,500.00
Periódicos	$-	$-	$-	$1,500.00	$1,500.00	$1,500.00
Revistas	$-	$-	$-	$1,500.00	$1,500.00	$1,500.00
INTERNET						
Diseño Web	$4,500.00	$-	$-	$-	$-	$-
Anuncios pagados	$-	$-	$-	$-	$-	$-
Email marketing	$-	$50.00	$75.00	$100.00	$150.00	$150.00
Hospedaje	$20.00	$20.00	$20.00	$20.00	$20.00	$20.00
Cambios constantes	$-	$150.00	$150.00	$150.00	$150.00	$150.00
Social media	$-	$350.00	$350.00	$350.00	$350.00	$350.00
PAPELERIA						
Tarjetas de presentación	$150.00	$-	$150.00	$-	$150.00	$-
Volantes	$-	$300.00	$-	$300.00	$-	$300.00
Trípticos	$-	$-	$-	$-	$-	$-
Catálogos	$-	$-	$-	$-	$-	$-
Folletos	$-	$-	$-	$-	$-	$-
Menús para llevar	$600.00	$600.00	$600.00	$600.00	$600.00	$600.00
Menús de mesa	$-	$900.00	$-	$-	$-	$-
Tarjetas de regalo	$-	$-	$-	$1,500.00	$-	$-
ANUNCIOS						
Pancartas	$150.00	$-	$-	$150.00	$-	$-
Anuncios para las ventanas	$250.00	$-	$-	$250.00	$-	$-
Anuncios de neón	$-	$-	$-	$-	$-	$-
OTROS						
Diseño gráfico	$350.00	$-	$-	$350.00	$-	$-
Uniformes	$1,300.00	$-	$-	$-	$-	$-
Telemercadeo	$	$	$-	$-	$-	$-
Distribución de volantes	$-	$200.00	$200.00	$200.00	$200.00	$200.00
Entrenamiento de personal	$1,500.00	$-	$-	$-	$-	$-
Fotografía profesional	$800.00	$-	$-	$800.00	$-	$-
Total mensual	$9,620.00	$2,570.00	$1,545.00	$10,770.00	$7,620.00	$7,770.00
Total trimestral	$13,735.00			$26,160.00		

Para bajar un formato de presupuesto en blanco para tu uso personal visita CarlosFlores.net/formas

TERCER TRIMESTRE		CUARTO TRIMESTRE	
Presupuesto (10%)	$35,000.00	Presupuesto (10%)	$60,000.00
Proyección de ventas	$350,000.00	Proyección de ventas	$600,000.00
Ventas reales	$368,453.00	Ventas reales	$632,114.00

MEDIOS	Julio	Agosto	Septiembre	Octubre	Noviembre	Diciembre
Radio	$3,000.00	$3,000.00	$3,000.00	$3,000.00	$3,000.00	$4,000.00
Televisión	$2,500.00	$2,500.00	$2,500.00	$2,500.00	$2,500.00	$4,000.00
Periódicos	$-	$-	$-	$-	$-	$-
Revistas	$500.00	$500.00	$500.00	$500.00	$500.00	$500.00
INTERNET						
Diseño Web	$-	$-	$-	$-	$-	$-
Anuncios pagados	$1,500.00	$1,500.00	$1,500.00	$1,500.00	$3,000.00	$3,000.00
Email marketing	$100.00	$150.00	$150.00	$150.00	$150.00	$150.00
Hospedaje	$20.00	$20.00	$20.00	$20.00	$20.00	$20.00
Cambios constantes	$150.00	$150.00	$150.00	$150.00	$150.00	$150.00
Social media	$350.00	$350.00	$350.00	$350.00	$350.00	$350.00
PAPELERIA						
Tarjetas de presentación	$-	$300.00	$-	$-	$300.00	$-
Volantes	$578.00	$-	$578.00	$1,500.00	$-	$1,500.00
Trípticos	$-	$-	$-	$-	$-	$-
Catálogos	$-	$-	$-	$-	$-	$-
Folletos	$-	$-	$-	$-	$-	$-
Menús para llevar	$800.00	$800.00	$800.00	$1,500.00	$1,500.00	$1,500.00
Menús de mesa	$900.00	$-	$-	$-	$-	$-
Tarjetas de regalo	$1,500.00	$-	$-	$1,500.00	$-	$-
ANUNCIOS						
Pancartas	$150.00	$-	$-	$150.00	$-	$-
Anuncios para las ventanas	$250.00	$-	$-	$250.00	$-	$-
Anuncios de neón	$-	$-	$-	$-	$-	$-
OTROS						
Diseño gráfico	$350.00	$-	$-	$650.00	$-	$-
Uniformes	$-	$-	$-	$-	$-	$-
Telemercadeo	$-	$-	$-	$-	$-	$-
Distribución de volantes	$200.00	$200.00	$200.00	$-	$-	$-
Entrenamiento de personal	$1,500.00	$-	$-	$-	$-	$-
Fotografía profesional	$800.00	$-	$-	$800.00	$-	$-
Total mensual	$15,148.00	$9,470.00	$9,748.00	$14,520.00	$11,470.00	$15,170.00
Total trimestral	$34,366.00			$41,160.00		

En el tercer trimestre se comenzó una campaña de publicidad en internet, lo que generó cientos de nuevos clientes. En este tercer trimestre se aumentó el número de volantes distribuidos para promover el nuevo restaurante, de igual manera se reimprimieron los menúes de mesa con los platillos nuevos. Se reimprimieron pancartas, anuncios de ventanas y menús para llevar, se requirió de nueva fotografía y entrenamiento del nuevo personal.

Cuarto trimestre. Para cerrar un año exitoso en ventas, con aumentos en cada trimestre, se continuó la publicidad en medios locales y se aumentó el presupuesto para diciembre, que es un mes en el que las ventas aumentan considerablemente a raíz de las fechas festivas. De igual manera se aumentó el presupuesto para noviembre y diciembre en publicidad en internet y material impreso.

PLAN DE MERCADEO.

El plan de mercadeo, o plan de comercialización, es esencial para el éxito de tu negocio. Así como un buen presidente de un país planea su primer año de gobierno ANTES de tomar posesión en el gobierno, así como un buen programador de computadoras planea su trabajo ANTES de escribir una sola línea de código, y así como un buen entrenador de un equipo deportivo establece una estrategia de ataque ANTES de comenzar el juego, así tú, como buen empresario, deberás planear tu estrategia de mercadeo ANTES de invertir tiempo y dinero para llevarla a cabo.

El éxito de tu estrategia de mercadeo dependerá en gran parte de tener un plan detallado por escrito y de llevarlo acabo. El escribir tu plan te ayudará a visualizar los pasos que seguirás y le permitirá a las personas o departamentos dentro de tu organización comprender mejor su rol en el plan de mercadeo

Tu plan de mercadeo no debe ser extenso, pero debe de ser lo suficientemente explícito para que tú y tu organización comprendan al 100% los pasos a seguir.

¿Porqué necesitas escribir tu plan de mercadeo? ¿Qué no es mas simple simplemente tener en tu mente los pasos que quieres seguir y dar ordenes a tus subordinados? Piénsalo de la siguiente manera. Si tienes una fiesta en casa y quieres preparar un delicioso platillo para 50 invitados, lo más inteligente seria PLANEAR que ingredientes usarás, en que cantidades, y saber de antemano que pasos seguirás para preparar el platillo. Solamente PLANEANDO tu receta de cocina evitarás que te hagan falta ingredientes, que la comida se queme o que simplemente tu fiesta sea un desastre y termine indigestando a tus invitados.

Si el fin de semana vas a acampar con tu familia a un lugar en el que nunca has estado, lo más inteligente es llevar contigo un mapa o sistema de GPS que explique como llegar paso a paso al sitio, de otra manera terminarás perdido. De la misma manera un plan de mercadeo te permite saber exactamente a donde llegarás y como llegarás, y le evitará a tu negocio terminar hundido en el pantano de la mediocridad.

Crea un plan anual. Tu plan de mercadeo debe de abarcar el transcurso de todo un año, y a su vez debe estar dividido en trimestres. Debes tener en mente desde el comienzo al escribir tu plan cual es el objetivo que tienes para tu negocio dentro del transcurso de ese año, y a la misma vez, debes dividir objetivos específicos para el final de cada trimestre. ¿Cómo puedes definir tus objetivos? Imagínate 1 año después del día de hoy, imagínate que haz tenido un año lleno de éxitos y prosperidad. Cuando piensas en esto, ¿qué imagen te viene a la mente?, tal vez triplicar tus ventas, o el vender franquicias de tu negocio, tal vez el haber introducido de manera exitosa un nuevo producto al mercado, o el haber servido a una cantidad específica de clientes.

Cualquiera que sea tu visión, ese debe de ser tu objetivo. Ten una imagen bien clara, pero a la vez realista de donde te gustaría ver tu negocio en 1 año a partir de ahora, y piensa en los 4 pasos más grandes a seguir para alcanzar dicho objetivo. Esos 4 pasos deberán ser tus objetivos trimestrales. Debes crear un calendario con las fechas importantes en las que lanzarás ofertas o promociones especiales.

En el transcurso del año, las cosas posiblemente cambien un poco, casi siempre surgirán imprevistos. Posiblemente se den cambios en tu industria, o tendrás nueva competencia, posiblemente tu mayor competencia cerrará sus puertas, y tal vez te veas en necesidad de contratar nuevos empleados. Es muy posible que necesites hacer ajustes, debes tener una mentalidad abierta para hacer cambios a tu plan cuando sea necesario, pero nunca dejarlo en la basura.

Colecta información actual de tu negocio. Si el objetivo de tu plan de mercadeo es incrementar tus ventas, debes saber de antemano con exactitud cuales han sido tus ventas anuales y trimestrales para poder determinar cual será el volumen de ventas que pondrás como objetivo de tu plan de mercadeo. Sea cual sea el objetivo específico de tu plan, asegúrate de tener datos recientes (estados financieros, reportes de ganancias y pérdidas, ventas anuales y trimestrales, etc.) para que puedas crear objetivos que sean reales y al mismo tiempo que logren motivar a ti y a tu organización para alcanzar más de lo que han alcanzado en el pasado.

Define el mensaje que darás a conocer. Pongamos un

ejemplo. Si eres hombre y damos un vistazo a tu juventud, en específico a tu época en la que buscabas novia, te darás cuenta que muy posiblemente a cada chica que tratabas de conquistar usabas una manera distinta para conquistar su corazoncito. Hubiera sido absurdo que usaras las mismas maneras con cada chica a la que querías conquistar, porque cada una de ellas era distinta, tenía diferentes gustos y personalidad. De igual manera, si eres mujer y damos un vistazo a tu juventud, te darás cuenta que todos tus pretendientes utilizaron diferentes "estrategias" para conquistarte, tal vez algunas de esas estrategias te enamoraron, pero posiblemente muchas otras te hicieron sentir repulsión por esa persona.

De igual manera para tu plan de mercadeo, necesitas tener bien definido cual es el mensaje que quieres dar a conocer a tus clientes y prospectos. Ese mensaje podrá ayudarte a establecer una relación emocional con tus clientes. El mensaje que darás a conocer debe hacer conección sentimental (al igual que en una relación de pareja) con tus prospectos y clientes. Cualquiera que sea el mensaje que quieres dar a conocer, este debe tocar los sentimientos de tus clientes, no su raciocinio. Las personas nos dejamos llevar más por lo que sentimos que por lo que pensamos, así que la mejor manera para establecer una relación con tus clientes es tocando su corazón.

Un ejemplo de como una compañía ha llegado a los sentimientos de sus clientes es Apple. Hace unas semanas lanzaron al mercado la última versión de su teléfono, el iPhone 4. La característica más especial de este celular es poder hacer llamadas de video en vivo por teléfono. Ahora no solamente los usuarios pueden escuchar a la persona del otro lado de la línea, ahora pueden verla totalmente en vivo y a todo color. Este es un avance tecnológico tremendo que cambiará el rumbo de la telefonía celular para siempre, sin embargo en sus anuncios de TV su enfoque no es tanto el uso de pantallas planas o los nuevos chips que este celular usa, o la nueva tecnología detrás del aparato. Las escenas en los anuncios de TV muestran a un soldado en guerra viendo por el celular como nace su hijo. La esposa estando en la sala de parto tenía consigo un iPhone 4 y estaba capturando por medio del teléfono todo lo que sucedía en el parto, el soldado en el otro lado de la línea, al ver esta escena inconteniblemente suelta un par de lágrimas. En otro anuncio del mismo producto, se muestra como un padre de familia, posiblemente un hombre de negocios que viaja constantemente, está en su habitación de hotel y platica por medio del teléfono con su esposa, pero puede ver en su pantalla a su bebé de pocos meses de edad. Estos comerciales llegan al corazón de la audiencia, en mi caso debo reconocer que aunque no soy fan de este tipo de teléfonos "inteligentes", llamó mi atención para comprar uno. Entonces, en tu plan de mercadeo, llega al corazón de tus clientes, no a su cabeza.

Establece metas mensurables. Una vez que determinaste tu objetivo para el final del año y que haz colectado información reciente, debes establecer metas que tú y tu organización entiendan y puedan medir con facilidad. Esto es de vital importancia ya que podrás saber si es buena idea o no detener la publicad en TV si es que no ha generado las ventas que anticipabas, o sabrás si tú o tu equipo de ventas necesitan entrenamiento o material de ventas si no alcanzaron la meta trimestral. Al establecer metas mensurables sabrás si tu estrategia está generando resultados, y si es necesario hacer ajustes para que tu presupuesto sea efectivo.

Obtén la cooperación de las mentes principales de tu organización. Es indispensable que involucres a los líderes dentro de tu organización para el desarrollo del plan de mercadeo. Siempre es bueno obtener la opinión de tu gerente de ventas, de tu gerente de financiamiento o de tu departamento de desarrollo web. Tus líderes muchas veces pueden tener otra perspectiva a cerca de tu plan que puede ayudarte a que sea más fácil de implementar o más efectivo. Por ejemplo, si estás creando un nuevo plan de ventas, tu gerente de ventas podrá darte una mejor idea de lo que sucede dentro del departamento de ventas, y de esta manera podrás tener una mejor visión de lo que puede funcionar y que puede generar descontento en el departamento. Si eres tú solamente el que dirige la batuta (y el que toca todos los instrumentos de la orquesta), es recomendable que tengas un tutor a quien acudir para que te de su perspectiva de tu plan de mercadeo. Algo que debes considerar es NO mostrar todo tu plan de mercadeo a todos tus empleados, nunca sabes cuando uno de ellos pueda en uno o dos años estar trabajando para tu competencia o abriendo su propio negocio. Una mejor idea es compartir con todos tus empleados los objetivos que tienes para el año o el trimestre, sin entrar en detalles de los pasos a seguir. Esto elevará los ánimos de tus empleados y les dará un sentido de estar avanzando conforme tu compañía crece.

Determina quien toca cada instrumento de la orquesta. Determina que personas dentro de tu organización se harán cargo de ejecutar cada paso del plan. En este punto debes determinar también si necesitarás contratar nuevos empleados o contratar a compañías externas para que se hagan cargo, como puede ser el caso del diseño de tu página en internet, o distribución de volantes.

Escribe un resumen. La última página de tu plan debe ser un resumen con los puntos principales de tu plan.

Para tener acceso y bajar ejemplos de planes de mercadeo visita la siguiente página: CarlosFlores.net/formas.

COMO HACER PUBLICIDAD EXITOSA

El comenzar a hacer publicidad en masa para tu negocio es una de las emociones más grandes que tendrás como empresario. Tu comunidad, tu ciudad o el país entero sabrán de tu negocio, tus productos o servicios y muy posiblemente de ti. Aunque la publicidad en masa puede ser uno de los medios más efectivos para atraer la atención de la gente hacia tu negocio, también puede hundirlo si no sigues algunos pasos básicos. Existen historias de éxito, como McDonalds, que fue precisamente a partir de lanzar sus comerciales en televisión, radio y periódicos cuando comenzaron su crecimiento y la etapa de mayor prosperidad en la historia de la compañía. Pero también hay historias de horror, como la de la compañía pets.com que a partir de comenzar a hacer publicidad en masa comenzaron su camino hacia el desastre.

Es importante que antes de tomar la decisión de hacer cualquier tipo de publicidad en masa, sigas los pasos que hasta este momento se han sugerido en este libro. Para hacer publicidad en medios masivos, necesitas de tener un presupuesto para hacer publicidad por lo menos 3 meses consecutivos. Olvídate de la mentalidad de "lo voy a intentar una vez, y si funciona lo continúo". Si tienes esa mentalidad, indudablemente, ese anuncio será un fracaso publicitario y un desperdicio de dinero. Si no cuentas con este tipo de presupuesto, espera un poco más para contar con él o inviértelo de otra manera. Este libro te presenta cientos de maneras inteligentes en las que puedes invertir tu presupuesto publicitario. La palabra publicidad empieza con la letra "P", cada vez que menciones la palabra publicidad, debes recordad otra palabra que comienza con la misma letra y que va de la mano con todo tipo de publicidad que hagas. Esa palabra es "paciencia".

Contacta una agencia de publicidad. Si estás pensando lanzar una campaña publicitaria masiva, ya sea en televisión o radio local, estatal o nacional, el primer paso es contratar una agencia publicitaria que sea un intermediario entre tu negocio y los medios de comunicación. Las agencias te servirán como una fuente de información y te darán un mejor panorama de los medios que existen para publicitar tu negocio. Las agencias trabajan directamente con los medios y conocen su audiencia, precios y se encargarán de dirigir y darle vida a tus campañas publicitarias.

El trabajar con una agencia publicitaria te ayudará a tomar una mejor decisión en cuanto a que medios contratar. De nada te servirá lanzar una campaña en un canal de televisión o estación de radio que no llega a tu mercado. Las agencias publicitarias ganan una comisión del total en ventas que hacen, por lo que en muchos casos no cobran por sus servicios creativos, como la creación de anuncios.

Las agencias trabajan de manera no exclusiva e independiente de las estaciones, es decir, se dedican a trabajar con varios medios publicitarios locales y nacionales. Las agencias publicitarias conocen la información demográfica de la audiencia de cada medio publicitario con el que trabajan. De esta manera, al momento de planear tu campaña publicitaria, la agencia determinará cual es el mejor medio, horario y mensaje para dar a conocer tu negocio. El trabajar por medio de una agencia es una enorme ayuda. Si trabajas directamente con el departamento de ventas del canal en el que te interesa anunciarte, posiblemente el vendedor hará todo lo posible (darte un descuento, hablar con el gerente para arreglar términos de pago, etc.) para venderte. Pero si trabajas con una agencia, ellos se encargarán de analizar que canal te dará los mejores resultados dependiendo de que audiencia quieras atraer a tu negocio. Puesto de otra manera, el vendedor de la estación de TV, radio, periódico o revista representa los intereses del medio (venderte), una agencia publicitaria representa las necesidades e intereses del cliente, o sea tus intereses.

Crea tu propia agencia de publicidad interna. Como te comenté anteriormente, las agencias de publicidad ganan una comisión como resultado de las ventas totales que generan. Esto es una oportunidad para que ahorres en tus gastos publicitarios, aproximadamente un 15%. Esta estrategia te servirá si piensas hacer publicidad por un periodo de tiempo largo y si cuentas con el capital para contratar expertos de mercadeo que trabajen directamente en tu negocio. Para lograr esto bastará con una cuenta de cheques (donde puedas depositar el pago de tu comisión) hecha al nombre de tu agencia de publicidad. Por ejemplo, si tienes un negocio de venta de boletos de viajes de avión y tu negocio se llama "International Travel", puedes hacer una agencia de publicidad llamada "International Marketing". Todo el papeleo (contratos, cheques, etc.) estará hecho a nombre de "International Marketing", y el cliente de la agencia será "International Travel".

Contrata una agencia de diseño o estudio de grabación para que se encarguen de tus anuncios. No permitas que el departamento creativo de la estación de radio, TV o del periódico donde te piensas anunciar se haga cargo de crear tu anuncio. Los departamentos creativos de los medios están bajo presión para tener todo el material listo para ser publicado, por lo que muchas veces no ponen atención a detalle en los anuncios. A parte, generalmente es el mismo equipo creativo quien se encarga de realizar el resto de los anuncios, por lo que prácticamente la mayoría de ellos tienen el mismo estilo, se parecen el uno con el otro y no resaltan dentro de la publicación o medio. Lo más recomendable es contratar una agencia de publicidad, estudio de diseño gráfico o estudio de grabación para que se haga cargo de crear tus anuncios. Al contratar a una compañía externa tendrás más ideas en cuanto al mensaje que darás, y crearán anuncios atractivos y con un estilo propio. Asegúrate que en el momento de contratar una agencia de diseño, se estipule por escrito que te proporcionarán el arte final (audio, efectos especiales, video de alta resolución, música de fondo, fotografías en alta resolución, logotipos, fuentes e información de los colores usados en tu anuncio) en un CD o por correo electrónico, para que puedas usar este material en el futuro conforme lo necesites.

Tu mercado. Al lanzar tu campaña publicitaria es cuando debes tener bien definido quién es tu mercado y que medios leen, ven y escuchan. Es indispensable tomar en cuenta que tu negocio recibirá el mayor beneficio si lo publicitas en medios que llegan directamente a tu mercado. Olvídate de hacer publicidad en los medios masivos que le llegan a toda la comunidad, toda la ciudad, todo el estado o a todo el país.

Por ejemplo, una tienda de vestidos de novia se anunció en el periódico de mayor importancia y distribución en la ciudad. Este periódico llega a más de 200 000 personas diariamente. En total, su anuncio fue impreso más de 15 millones de veces en el transcurso de de 3 meses. Pero al finalizar del contrato, el dueño de este negocio término sintiéndose totalmente decepcionado, ya invirtió miles de dólares en este periódico, pero la cantidad que logró en ventas fue la mitad de la cantidad total del costo del contrato. Para esta persona, el haber impreso su anuncio 15 millones de veces en el periódico de mayor distribución de la ciudad resultó en un rotundo fracaso.

Después de esta experiencia, decidió invertir en una publicación exclusiva para novias, con una distribución mensual de solamente 50 000 ejemplares. Al final del término del contrato de 3 meses, esta persona terminó con una enorme sonrisa en su cara, había recibido más de 200 prospectos de esta publicación, que muchos terminaron siendo sus clientes. Lo interesante de este caso, es que el dueño del negocio nunca se dió cuenta que más del 70% de los lectores del periódico son hombres mayores de 40 años, quienes definitivamente tienen un rol menos decisivo en la compra de vestidos de novia. El resto de los lectores son mujeres, de igual manera, mayores de 40 años. Por el contrario, la revista de novias es leída un 100% por chicas jóvenes que esperan casarse próximamente. Aunque la distribución es menor, llega a una mayor cantidad de prospectos potenciales.

Define tu mensaje. La gente es bombardeada diariamente con cientos de mensajes publicitarios. Escuchan anuncios cuando prenden el radio en la mañana, ven anuncios espectaculares cuando manejan, leen publicidad en periódicos y revistas y ven más anuncios cuando llegan en a casa y prenden el televisor. Algunos medios publicitarios han tomado nuevas formas: correos electrónicos, anuncios en páginas de internet, volantes, pancartas, en fin. Entonces ¿cómo puedes hacer para que tu mensaje atraiga la atención de prospectos y genere ventas? Es un tanto difícil, casi imposible crear un molde a seguir que todo tipo de compañías puedan usar para crear campañas publicitarias exitosas. Sin embargo hay ciertas características que compañías de todos tamaños han usado en sus campañas publicitarias exitosas.

Conecta emocionalmente con tu audiencia. Recuerda que las personas tomamos nuestras decisiones de compra basándonos un 80% en sentimiento, y el resto en razonamiento. Cualquiera que sea tu mensaje, debe conectar a nivel personal y emocional con tu audiencia.

Por ejemplo la aerolínea American Airlines. A pesar de que la compañía ofrece paquetes de viajes económicos y excelentes servicio, sus anuncios publicitarios rara vez mencionan estos aspectos. Algunos de sus anuncios en televisión muestran a personas disfrutando tiempo con sus familiares a los que visitan, y cierran el comercial con la línea "Sabemos por qué vuelas". El establecer una conexión emocional con tus clientes y prospectos no solamente aumentará tus ventas, sino que ayudará a tu negocio a establecer una relación duradera con tus clientes.

Usa imágenes. ¿Alguna vez has escuchado la frase "una imagen vale más que mil palabras"? Las imágenes (fotografías o ilustraciones) te pueden ayudar para captar la atención de tu audiencia de manera instantánea, si escoges las imágenes correctas. El usar imágenes que representen el uso o beneficio de tu producto o servicio logrará que tu audiencia entienda con mayor facilidad el mensaje que intentas transmitir. No se trata solamente de tomar una fotografía de tu mejor producto y anunciarla. Debes de darle vida a esa imagen demostrando las emociones y beneficios que el tener ese producto produce. Por ejemplo, si vendes televisiones, no solamente anuncies la fotografía de tu mejor televisión. En su lugar, pon la fotografía de una familia reunida en la sala de su casa disfrutando de una película en ese televisor. Si estás trabajando por medio de una agencia, ellos podrán proveerte con imágenes acorde o harán arreglos para contratar modelos y organizar sesiones de fotografía. Si no estás trabajando por medio de una agencia, puedes comprar o rentar fotografías que por solo unos cuantos dólares puedes usar en tus campañas.

Para una lista de compañías que rentan forografías e ilustraciones visita CarlosFlores.net/socios.

Usa música. Si tu anuncio es por medio de la radio o TV, asegúrate de que todos tus comerciales tengan su propio "sound track", o tema musical. El tema musical es una pequeña pieza de música única para tu negocio. Esta pieza deberá ser una melodía de no más de 1 minuto de larga y el ritmo y letras deben ser acorde a tu negocio. Para hacer esto puedes contratar un grupo musical local y hacer la grabación en un estudio de grabación profesional (de nuevo, si usas una agencia publicitaria ellos se pueden hacer cargo). Si tu presupuesto no lo permite, puedes usar servicios en línea donde puedes comprar y rentar temas musicales. Visita CarlosFlores.net/socios para detalles.

Otra excelente idea es tener un logotipo auditivo, que básicamente es tener la voz de un locutor, con un fondo musical y efectos especiales presentando tu marca o negocio. Para hacer esto puedes acudir a alguna de las estaciones de radio locales o usar servicios en línea. Para más información visita CarlosFlores.net/socios

Se claro en el mensaje. Tu mensaje debe ser claro y fácil de entender. De nada te servirá gastar miles de dólares en publicidad que la gente no entenderá (como sorpresivamente suele suceder). No uses frases complejas, lenguaje anticuado o palabras rebuscadas, mientras más fácil sea de comprender tu mensaje, mayor será el éxito que tendrá tu campaña publicitaria. Si tienes dificultad para definir tu mensaje, lo ideal será contratar a un redactor profesional (copywriter) para que se haga cargo.

Usa el sentido común. Hace algunos años una compañía de comida rápida en Estados Unidos lanzó un singular comercial de televisión para anunciar sus deliciosos sándwiches. El comercial tenía como personajes estelares a dos horribles ratas cantando lo delicioso que son los sándwiches de esta cadena de restaurantes. El comercial terminó llamando la atención de muchos, lamentablemente causando repudio y asco en algunos (me incluyo). Francamente, después de haber visto dos ratas en un anuncio de restaurante en todos estos años no me ha apetecido ir a probar su comida. Cada vez que veo el logotipo de este lugar viene a mi mente… ¡ratas! Asegúrate que cualquiera que sea tu mensaje, no termine haciendo sentir repudio en tus clientes.

Se único. No solamente tu servicio o producto deben ser únicos para atraer la atención de posibles compradores, también tu campaña publicitaria debe de serlo. Un anuncio que sea totalmente distinto al resto de los anuncios de otros negocios en tu industria atraerá con mayor facilidad la atención de posibles compradores. La clave es pensar en lo que está fuera de lo común. Si publicas un anuncio que sea similar al resto de los anuncios de tu competencia, en los ojos y oídos de los posibles compradores tu negocio no será más que otro negocio del montón. Pero por el contrario, si logras que tu campaña publicitaria sea totalmente innovadora, creativa y que no se parezca en lo absoluto a los anuncios que han sido publicados en tu industria, seguramente atraerás la atención de muchos.

Algunas ideas que puedes utilizar para hacer de tus anuncios distintos son enlistadas a continuación. Pon a andar tu imaginación y piensa en maneras creativas en las que tu producto o servicio puede presentarse usando estas ideas.

• *Antes y después.* Muestra con imágenes, escenas o describiendo verbalmente el resultado que tendrá tu cliente después de haber usado tu producto o servicio y como era su situación antes de haberlo usado.

• *Ataca a la competencia.* Tal vez recuerdes aquellos

anuncios de los noventas donde Pepsi demostraba que los consumidores preferían su bebida en lugar de Coca Cola. Estos anuncios mostraban ambos refrescos en escena, lo que causó un gran revuelo entre los fanáticos de ambas marcas. Este tipo de publicidad puede estar prohibida en ciertos territorios, así que si piensas usar esta técnica lo ideal sería primero recibir asesoría legal por parte de un buen abogado.

• *Caras bonitas.* Mostrar el rostro de una chica guapa o un chico bien parecido atraerá automáticamente la atención del público hacia tu producto o servicio. El mostrar un cuerpo completo (si es apropiado) bien formado también atraerá como un magneto los ojos de posibles compradores.

• *Cómo hacerlo.* Demuestra visualmente la facilidad de usar tu producto o servicio. Ojo: tu producto o servicio en realidad deben de ser fácil de usarse, si no lo es y usas esta técnica publicitaria, terminarás espantando a posibles compradores.

• *Demografía.* Contrata actores o actrices que reflejen la apariencia física de tu mercado. Por ejemplo, los comerciales de Trix, muestran niños y niñas menores de 10 años, ya que el cereal Trix "Es solo para niños". Esto ha creado niños y niñas fanáticos del cereal alrededor del mundo.

• *Diferencia.* Haz notar las diferencias que tus productos y servicios ofrecen en comparación a la competencia, o al hecho de no poseer tu producto o servicio.

• *Drama.* Crea una escena que dramatice las enormes ventajas del uso, o enormes desventajas de no usar tu producto o servicio.

• *Emoción.* Escenifica o verbaliza las emociones que tus

posibles compradores sentirán al comprar tu producto o servicio.

• *Exageración.* Exagera los beneficios que tiene el comprar tu producto o servicio o las desventajas que tiene el no tenerlo.

• *Experto.* Presenta a tu negocio o a tu persona como el experto en su rama.

• *Historias.* Crea una pequeña historia de la creación o desarrollo de tu producto, servicio o negocio, especialmente si es algo innovador en el mercado.

• *Imitación.* Presenta un "doble" de un personaje famoso usando tu producto o servicio.

• *Inesperado.* Crea una escena visual o auditiva en la que sucede algo totalmente inesperado o chusco al usar tu producto o servicio. Por ejemplo, los comerciales del famoso pato de la compañía Afflac. El pato más que ser el logotipo y mascota de la compañía, ha sido un excelente medio para crear escenas inesperadas en los comerciales de la compañía. Cada comercial presenta al pato en una situación chusca, lo que ha logrado que se convierta en el emblema de esta empresa. Cada vez que alguien recuerda el nombre de la compañía, se le viene a la memoria uno de los comericales que escenifica el pato.

• *Metáforas.* Crear una metáfora que lleve a la reflexión a cerca del uso de tu producto o servicio.

• *Miedo.* El miedo es uno de los sentimientos más poderosos de la psique humana. Puedes usarlo a favor de tu producto o servicio incitando miedo al no usarlo.

• *Motivación.* La motivación es lo contrario del miedo, y de igual manera es uno de los sentimientos más poderosos que viven en el ser humano. Animar a las personas con frases y escenas motivacionales ayudará a que tus posibles compradores tengan una imagen positiva de tu producto o servicio lo que los llevará a realizar una compra.

• *Nuevo y mejorado.* Si estás relanzando un producto o servicio al mercado, puedes usar esta estrategia para dejarle saber a clientes actuales y posibles clientes que tu producto ha mejorado y sigue siendo el mejor en el mercado.

• *Ofertas.* El ofrecer algo gratis, o algo adicional en la compra de tu producto o servicio motivará a que tus prospectos compren.

• *Personaje famoso.* Si tu presupuesto lo permite, puedes contratar a un personaje famoso (actor, actriz, deportista, cantante, etc.) para que represente tu producto o servicio. Los beneficios de esta técnica son que una vez que termine la campaña publicitaria, la gente seguirá relacionando al personaje famoso con tu marca. La desventaja es que si la reputación o imagen del personaje famoso se ve afectada, posiblemente de manera inconsciente la gente siga relacionando al personaje con tu negocio, pero de manera negativa.

• *Presentar solución a problemas.* Presenta una escena donde tu producto o servicio resuelva los problemas de tus posibles compradores.

• *Publicidad con empleados.* Presenta a algunos de tus empleados en tus anuncios. Esto le dará la idea a prospectos de que están tratando con gente real, no solamente con una compañía. Tal vez necesites contratar actores y vestirlos con el uniforme de tu negocio, nunca sabes cuando alguno de tus empleados va a estar trabajando el siguiente mes para tu competencia.

• *Relaciones.* Demuestra a tus posibles compradores como el uso de tu producto o servicio mejorará sus relaciones interpersonales con sus familiares, amigos o compañeros de trabajo. También puedes usar esta técnica para demostrar que usando tu producto o servicio, el posible comprador podrá conseguir una relación sentimental.

• *Reacción inmediata.* Puedes usar tus anuncios para que la gente tome acción inmediata al momento de verlos o escucharlos. Por ejemplo: "llame ahora para hacer una cita", "llame ahora para ordenar", "número de piezas son limitadas, llame ahora", "esta oferta esta disponible solo el día de hoy, visítenos ahora", etc.

• *Sexo.* Ni es ningún truco, en la publicidad el sexo vende. Usar fotografías sexis o frases con mensajes eróticos puede ser un tremendo imán de clientes. Sin embargo, debes de ser muy astuto al usar esta estrategia. Las fotografías y mensajes deben ser sutiles y elegantes. Deben ser lo suficientemente extrovertidas para atraer la atención, pero lo suficientemente sublimes para dejar a la imaginación. De otra manera, tu mensaje puede ser tachado de vulgar, irrespetuoso y terminará atrayendo solo la atención de adolescentes que solo tienen el interés de ver senos pero que no tienen el menor interés (ni capacidad de compra) en tu producto o servicio.

• *Testimonios.* Usa los testimonios de clientes reales que digan las ventajas y beneficios que tu producto o servicio les ha traído.

El secreto de la publicidad exitosa. Ayer en camino a

visitar a mis padres vi un enorme anuncio publicitario de una de las tiendas de supermercados más antiguas del barrio. El anuncio decía algo similar a "Cada mes, nuestros clientes ahorran más de $ 1, 400, 000 porque dejan de comprar en otras tiendas. Visítenos en Calle Tal Número 123". El anuncio estaba colocado precisamente frente a otra tienda de supermercados que recientemente había abierto sus puertas. Cabe mencionar que esta nueva tienda es parte de una red nacional de tiendas de supermercados y que gastan millones de dólares en publicidad en TV, radio y periódicos. En este caso, sucedió como en la batalla de David contra Goliat, el más chico fue quien terminó ganando.

Este caso ejemplifica que para que tu negocio gane la batalla en la publicidad no necesita ser el que más capital tenga para invertir, sino el que sea más creativo.

Que tipo de profesionales debes contratar. La publicidad es un arte y es toda una ciencia. Es un arte porque puede incluir muchas de las formas de expresión artística que existen: escritura, dibujo, cinematografía, canto y actuación. Es una ciencia porque requiere de conocimiento de ciencias como la psicología y las matemáticas. Si no te consideras un artista y mucho menos un científico, es importante que contrates a personas capacitadas para darle vida a tus campañas publicitarias y te guíen en el proceso.

• *Diseñador gráfico*. Se hará cargo de la creación y manejo de tu marca. Desde la creación de logotipos, hasta la selección de tipografía y colores que serán usados en todo tu material de mercadeo. Tu diseñador gráfico creará desde las tarjetas de presentación, volantes, uniformes, anuncios hasta tus anuncios en medios impresos. Tu diseñador grafico será quien se hará cargo de mantener consistencia en toda tu publicidad impresa. Algunos estudios de diseño gráfico también podrán hacerse cargo del siguiente punto.

• *Agencia de diseño web.* Aunque existen herramientas que te permiten crear una página en internet para tu negocio por ti mismo, lo más inteligente es dejar este trabajo a un profesional. Así como no es una muy buena idea tratar de cortarte el cabello tu mismo o misma, tampoco es una muy buena idea tratar de hacer una página en internet por tu propia cuenta.Una agencia de diseño web se hará cargo de invertir el tiempo necesario en crear un website para cumplir con las necesidades de tu negocio, que sea visualmente atractiva y funcional para ti, tus empleados y clientes. Asegúrate que tu agencia crea tu pagina web basado en un CMS (content management system), o sistema de manejo de contenido. Este tipo de sistemas, como su nombre lo menciona, te permite manejar el contenido de tu página con facilidad, y cada vez que necesites cambiar o agregar información en tu sitio web podrás hacerlo tu mismo sin necesidad de contactar a tu agencia de diseño. Algunas agencias de diseño también podrán hacerse cargo del siguiente punto.

• *Estudio de grabación.* Para comerciales de radio y TV. Un estudio de grabación te ayudará a crear ideas y agregar efectos especiales (si así lo deseas) al producto final. Recuerda, si estás por entrar a la radio o TV, no permitas que las mismas estaciones donde te estarás anunciando hagan tu anuncio. Invierte el tiempo y dinero necesarios para contratar un buen estudio creativo.

• *Estudio de fotografía.* Es importantísimo contratar un fotógrafo profesional que se haga cargo de tomar fotografías de ti, tus productos o de tu negocio. La mayoría de las personas solo piensan en contratar un fotógrafo el día que se casan. El tener fotografías profesionalmente realizadas es una de las mejores inversiones que puedes hacer para tu negocio.

Tus productos se verán más atractivos en todas sus formas de publicidad, y por lo tanto tus ventas incrementarán. Recuerda contratar un fotógrafo especializado en fotografía comercial, no en eventos sociales como bodas y quinceañeras. Recuerda que de la vista nace el amor.

COMO CONECTAR CON TU AUDIENCIA

Provee valor. La primer conección entre tu mensaje y tu audiencia es a nivel subconsciente. La primer reacción de tu audiencia al darse cuenta que tu anuncio es un mensaje publicitario es un: "¿y a mi qué?". Si tu mensaje no tiene algo de valor para tu audiencia, indudablemente tu mensaje se irá al olvido. Pero por el contrario, si tu mensaje le provee algo de valor a tu audiencia, habrán más posibilidades de que presten atención a tu mensaje y eventualmente compren. En el ejemplo anterior del anuncio espectacular de la tienda de supermercados, el mensaje de valor fue "ven a comprar con nosotros y ahorra un dineral". Este tipo de mensajes son altamente efectivos porque conectan emocionalmente y racionalmente con la audiencia. Entonces, al momento de pensar ideas para tus anuncios, ponte en los zapatos de tus clientes y prospectos y pregúntate: ¿y a mi qué?.

La publicidad se trata de tu audiencia, no de tu negocio. Una gran cantidad de anuncios en todos los medios, no son más que anuncios "YoYo". Así como un yoyo de juguete no sale de la línea que lo sostiene, los anuncios "YoYo" no salen del ego que sostiene al negocio (o del ego del dueño). Para que entiendas a que me refiero, un anuncio YoYo dice algo como: "nosotros somos los mejores", "nosotros damos los mejores precios", "nosotros somos los primeros", "nosotros ofrecemos la mejor calidad", etc. En pocas palabras, estos anuncios no dicen otra cosa más que: yo, yo, yo, yo, yo, y yo. Recuerda que la gente al leer o escuchar este tipo de frases, su subconsciente dice, "¿y a mi qué?".

Lo inteligente entonces, por muy bueno que sea tu negocio, y por muchos años que tengas, y por muy buenos que sean tus productos, es poner las cosas en términos de tu audiencia. Si tu producto está dirigido a amas de casa, por ejemplo, lo inteligente sería que los anuncios muestren a otras amas de casa encantadas por usar tu producto. Si tu servicio está dirigido a empresarios, puedes poner imágenes de otros empresarios exitosos por haber usado tu servicio.

Define las metas de tu campaña publicitaria. Así como no puedes dar en un blanco que no puedes ver, no podrás saber si tu campaña publicitaria es efectiva si no tienes metas bien definidas antes de comenzar a mover tus piezas. El crear una campaña publicitaria puede tener diferentes metas: aumentar las ventas, crear un mayor reconocimiento de tu marca, crear una base de datos de prospectos o aumentar las visitas en tu website. Cada una de estas metas tiene como fin un objetivo en común: incrementar las ganancias. Las metas en una campaña publicitaria son similares a un juego de ajedrez: se necesitan mover varias piezas para llegar a un fin en común: el rey.

Es importante que antes de comenzar tu estrategia publicitaria tengas bien definido por escrito cuales son los objetivos de tu campaña y que comuniques a los involucrados en llevar a cabo tu estrategia esos objetivos. Esto incluye: tu cuerpo de ventas, tu equipo creativo interno, tu agencia publicitaria y tus gerentes de ventas. De nada te servirá tener como meta romper tu record de ventas si solamente tu almohada y tú saben de dicha meta. El tener en el mismo canal a tu equipo creará sinergía en tu empresa y pondrá a todos los involucrados a trabajar para alcanzarla.

Aunque las metas de tu campaña publicitaria sean distintas, es indispensable saber cuando has llegado a esas metas para determinar si la campaña publicitaria ha sido exitosa o no. Una vez que llegues a esa meta puedes considerar tu campaña como exitosa, si no llegas, puedes hacer los ajustes necesarios para lograr la meta, pero nunca tomar la decisión de dejar de hacer publicidad. Tu campaña de publicidad debe ser mensurable, justificable y rectificable.

El tiempo es más valioso que el dinero. Para definir tus metas también es indispensable que definas cuanto tiempo durará tu campaña publicitaria. Como dice el dicho popular "tiempo es dinero". En este caso, este dicho tiene un doble significado para ti ya que estarás invirtiendo capital en tu publicidad y tiempo para llevarla a cabo. Si decides hacer publicidad por 3 meses en televisión, pero te desesperas la primera semana por no ver resultados, entonces estas perdiendo doble: tu dinero y tu tiempo. La publicidad, en cualquiera de sus formas, requiere de tiempo para que puedas ver resultados. Si decides hacer publicidad por un periodo de tiempo, hazlo aunque no recibas resultados inmediatos. Solamente asegúrate que al firmar el contrato con el medio publicitario de tu elección, te darán la opción de hacer cambios en el anuncio si es que se necesita.

A propósito, si haces un contrato con un medio y decides dejar la campaña publicitaria porque no te da resultados, tienes altas posibilidades de que ese medio te demande por incumplimiento de contrato, y al final de cuentas terminarás pagando el contrato, tu abogado (y si el contrato lo estipula, el abogado de ellos), y cualquier tipo de cobranza que la corte imponga para que cumplas con el contrato. Así que evita problemas y que tu negocio termine con una agencia de cobranzas.

SELECCIÓN DE MEDIOS

Así como el mensaje y el anuncio en general es una parte esencial para que tu campaña publicitaria sea un éxito, también es de vital importancia escoger los medios correctos para hacerlo llegar a tu mercado. Un excelente comercial o anuncio publicado en el medio incorrecto, lo único que hará es poner dinero en los bolsillos de la persona que te vendió el anuncio.

Si eres dueño de un pequeño negocio, es importantísimo que sepas que los medios masivos no están reservados para las grandes compañías. Una gran cantidad de cadenas de televisión nacionales, revistas y periódicos cuentan con ediciones locales, lo que te permite poder anunciar tu negocio exclusivamente en tu ciudad. Así que si piensas que la publicidad en medios está fuera de tu alcance, contacta a tu revista, canal de televisión o periódico nacional de tu preferencia y pregunta si ofrecen una edición local en la que te puedas anunciar.

MEDIOS IMPRESOS

Durante los últimos años los medios impresos han sufrido un daño tremendo a causa de la situación económica que ha prevalecido en la pasada década. Muchas revistas y periódicos que en su momento tuvieron gran relevancia, hoy son solamente un recuerdo. Sin embargo, las publicaciones impresas que aún quedan en el mercado han pasado la prueba de fuego de mantenerse en el gusto de la gente a pesar de los retos económicos, y mejor aún, para muchos negocios siguen siendo su arma principal para atraer nuevos clientes.

Si consideras anunciar tu negocio en un medio impreso los puntos que debes considerar antes de firmar el contrato de publicidad son:

• *Número de impresiones.* Mientras más números impresos tenga la publicación, mayor será el número de personas a las que harás llegar tu mensaje. Los periódicos y revistas generalmente son llevados a casa, donde el resto de la familia los lee. Una revista o periódico es leída en promedio por 3 personas, así que si el medio distribuye 20 000 copias, estarás llegando aproximadamente a 60 000 personas. Si es una publicación local distribuida en tu colonia, barrio o sección de tu ciudad, o es una publicación especializada para algún tipo de mercado en específico, asegúrate de que distribuye por lo menos 20 000 copias. Si el medio es distribuido en toda la ciudad, asegurare que por lo menos distribuyan 50 000 ejemplares. Los medios que distribuyen un número menor de copias que los sugeridos, no generan un impacto significante en la comunidad por lo que los resultados que obtendrás serán mínimos.

• *Calidad.* Debes considerar la calidad de la impresión, papel y diseño en general del medio. Una revista o periódico que tenga como carta de presentación una excelente calidad, estará más tiempo en las manos del lector y posiblemente sea conservado para futura referencia. Por otro lado, un medio impreso de poca calidad irá a parar al bote de la basura en cuestión de minutos.

• *Distribución.* Las revistas y periódicos locales suelen cubrir eventos y noticias en tu ciudad y son un excelente medio para atraer clientes directamente a tu negocio. Los medios locales son excelentes para generar prospectos de compra, incrementar el tráfico a tu tienda, generar llamadas, crear citas, etc. Las publicaciones de distribución estatal o nacional, son un excelente medio para incrementar el reconocimiento de tu marca, crear visitas a tu página de internet y hacer conocer las diferentes promociones actuales de las sucursales y franquicias nacionales.

• *¿Tiene subscriptores pagados, tiene un costo o es de distribución gratuita?* Las revistas que cuentan con subscriptores pagados y que tienen un costo adquirirlas, generalmente representan un valor más alto para sus lectores. Este tipo de publicaciones muchas veces llegan a ser parte de la colección personal de las personas que las compran, por lo que tu anuncio puede ser visible por años. Por otro lado, las publicaciones de distribución gratuita no representan un mayor valor para quienes las leen, por lo que puede terminar en la basura en minutos.

• *Puntos de distribución.* Si buscas anunciarte en un periódico o revista local, este debe ser distribuido en el área al rededor de tu negocio. Debes pedir al representante de ventas una lista de los lugares exactos donde se distribuye el medio para que posteriormente puedas verificar que efectivamente se está distribuyendo conforme te lo dijeron. Si el medio se distribuye por medio de correo o a nivel nacional por medio de tiendas, esta información debe estar disponible para ti en el kit de ventas de la compañía.

• *Datos demográficos de los lectores.* Esta información debe estar claramente especificada en el kit de ventas que se te proporcione. En el se especifican todos los datos demográficos de los lectores, tales como sexo, edades, nivel de ingresos, nivel de estudios, gustos, etc. Asegúrate que el medio impreso llega al mercado que buscas atraer a tu negocio.

• *Kit de ventas.* Toda la información anterior debe de presentarse en un kit de ventas. Si el medio está tratando de venderte publicidad con datos proveídos solamente de palabra, no tendrás manera de corroborar dicha información.

Una vez que has analizado los puntos anteriores y que has escogido al medio impreso correcto para tu negocio, debes considerar los siguientes puntos:

• Usa letras grandes en el encabezado. Debido al proceso de impresión de algunas revistas y periódicos, las letras e imágenes suelen verse "movidas" o un poco borrosas. Al usar letras grandes lograrás que el texto sea totalmente legible aunque exista un pequeño movimiento en el proceso de impresión.

• Usa elementos que atraigan la atención de las personas. Tales como sellos, banderas, estrellas, escudos y marcos.

• Contacta al editor del medio y pide que hagan un artículo a cerca de ti o de tu negocio. Esto te dará mayor credibilidad frente a tus clientes y prospectos.

• Una vez que han publicado un artículo de ti o de tu negocio, usa el logotipo de la revista o periódico para incluirlo en tu otro material publicitario impreso como volantes, panfletos, etc. Asegúrate de incluir la línea "como nos vio en..." seguido del logotipo de la revista o periódico.

• Asóciate con otros empresarios para pagar la publicidad. Si compras una página completa, puedes ahorrar dinero compartiendo el espacio con otro negocio. Al hacer esto ambos pagarán menos que si hubiesen comprado media página cada quien por separado.

• Contrata una agencia de diseño que se encargue de crear el arte de toda tu publicidad impresa, tanto para medios como para el resto de los métodos que uses para promocionar tu negocio, como volantes, pancartas, tarjetas de presentación, etc. Es preferible que toda tu publicidad impresa la cree la misma persona o la misma agencia, o que sigan los estándares que el diseñador o agencia hayan creado, como tipos de letra, colores, y estilo. Si permites que los departamentos de arte de cada periódico en el que te anuncias diseñe tus anuncios, generalmente todos serán distintos el uno del otro, lo cual le resta uniformidad, profesionalismo y credibilidad a la imagen de tu negocio.

• Antes de decidir por una agencia de diseño o director de arte, asegúrate de que su estilo va acorde con la imagen que quieres proyectar de tu negocio. Aunque hay diseñadores tremendamente versátiles, algunos otros tienden a usar los mismos estilos y elementos en todo su trabajo. Así que si tu negocio es un banco, y contratas a un diseñador gráfico especializado en diseños para clubs nocturnos, no dudes que algunos clientes querrán abrir cuentas de cheques y esperen barra abierta.

Clasificados. Los anuncios clasificados siguen siendo el motor principal de ventas de muchos negocios. Los anuncios clasificados generalmente se encuentran localizados en la parte final de los periódicos y revistas, lo que es una ventaja ya que muchas personas empiezan a hojear de atrás hacia delante. Si consideras usar los anuncios clasificados asegúrate que la palabra con la que comienzas tu frase es la letra "A", ya que los anuncios clasificados son ordenados en orden alfabético. De esta manera, tu anuncio será el primero en su categoría.

Antes de aprobar publicidad para ser impresa, espera uno o dos días. Dale un vistazo con la mente fresca en la mañana siguiente y te darás cuenta de que existen detalles como errores ortográficos, direcciones o números de teléfono mal escritos, etc. Nunca apruebes un anuncio sin antes verlo impreso, es más fácil ver errores en papel que en la pantalla de la computadora.

PUBLICIDAD EN RADIO

Para muchos negocios, la publicidad en radio ha formado una parte esencial en su éxito. He visto como el anunciar sus servicios y productos por medio del micrófono les ha hecho producir en cuestión de días lo que antes les tomaba meses para generar en ventas. Por otro lado, también he visto como empresarios literalmente tiran a la basura cantidades tremendas de dinero en publicidad en radio, que ni produjo dinero en ventas y ni siquiera les produjo llamadas o visitas a su negocio. La radio puede ser un arma poderosa, pero el anunciarte en radio por si mismo no te garantiza resultados ni es un método mágico. Depende de ciertos factores que la publicidad en radio genere el tipo de resultados que esperas.

•*Audiencia.* Existen estaciones de radio con programación de todo tipo: música rock, música regional, programas de entretenimiento, música pop, programas informativos, entre muchos otros. Antes de decidir por una estación de radio debes de preguntarte si el tipo de programación que ofrecen es escuchada por el tipo de clientela al que buscas atraer. Por ejemplo, si tu negocio es la venta de bienes y raíces, posiblemente no te convendrá anunciarte en una estación de música pop. La mayoría de las personas que escuchan este tipo de estaciones son adolescentes y adultos jóvenes entre las edades de 13 a 25 años. En este rango de edad son muy pocas las personas que están pensando en comprar inmuebles, definitivamente este tipo de estación no es la adecuada para tu negocio. Por otro lado, si decides anunciar tu negocio en una estación de música regional, este tipo de estaciones cuentan con una audiencia cuya edad varía desde los 25 a los

50 años. En este rango de edad son más las personas buscando la compra de inmuebles. Pide a las estaciones de radio un kit de ventas, donde podrás dar un vistazo a los datos demográficos de su audiencia.

• *Horario.* Debes considerar que la audiencia de cada estación varía dependiendo del horario en que se escuche. También debes considerar que en ciertos horarios su audiencia presta más atención a la radio, como en la mañana cuando las personas están de camino al trabajo o a la escuela, o en la tarde, cuando van de regreso a casa. En estos horarios las personas posiblemente están en sus autos por lo que prestan gran parte de su atención a lo que escuchan.

• *Programación.* Las estaciones de radio ofrecen dos tipos de programación: programas presentados por locutores y programas musicales. Los programas presentados por locutores tocan temas de actualidad e interés para la audiencia, por lo que se le presta mayor atención al contenido del programa. Por otro lado, la audiencia no presta tanta atención a los anuncios presentados en programas musicales, ya que la gente escucha este tipo de programas con el fin de escuchar exclusivamente música, no información.

• *Alcance.* Como parte del kit de ventas se te debe presentar un mapa especificando el alcance de las ondas radiales. Este mapa te dará una idea del radio geográfico al que harás llegar tu mensaje, mientras mayor sea el área de alcance mejor para tu negocio.

• *Cantidad de radioescuchas.* Aunque el alcance de las ondas radiales son importantes, es más importante aún la cantidad de radioescuchas con la que cuenta cada estación. Aunque algunas estaciones cuentan con un mayor alcance, su nivel de audiencia es menor, como en el caso de muchas estaciones AM. Por otro lado, muchas estaciones FM cuentan con un alcance menor, pero debido a la mayor calidad auditiva que proporcionan, muchas cuentan con una mayor cantidad de radioescuchas. El kit de ventas de la estación de radio deberá proporcionarte con esta información.

Una vez que has tomado los puntos anteriores en consideración y que has decidido comenzar una campaña publicitaria en radio, toma en consideración los siguientes puntos.

• Menciona tu número de teléfono o website por lo menos 3 veces en el transcurso del anuncio. Tu información de contacto es lo más importante para un anuncio en radio, de nada servirá llamar la atención de los radioescuchas si al final cuando se ha terminado tu anuncio no recuerdan cómo contactarte.

• Si necesitas mencionar la dirección de tu negocio, haz referencia a otros puntos conocidos para que identifiquen fácilmente la ubicación de tu negocio. Por ejemplo, "frente a la parroquia fulana de tal", o "en la esquina de las calles zutana de tal y perengana de tal".

• Considera contratar a un locutor de la estación para que sea la voz oficial de tu negocio, de esta manera cada vez que escuchen al locutor lo relacionarán con tu producto o servicio.

• Considera hacer anuncios en vivo, en lugar de anuncios pregrabados. El locutor puede entrevistarte en vivo o por teléfono para que seas tú quien haga la presentación del producto o servicio que ofreces. De esta manera terminarás recibiendo mucho más tiempo al aire del que en realidad pagaste. Si optas por esta opción, asegúrate de tener un guión para presentar tu negocio o servicio. Estarás llegando a miles de personas, así que deberás asegurarte que tu mensaje y tu voz generan credibilidad y confianza.

• Contrata a un profesional para que escriba tu anuncio. No dejes tu anuncio en manos de la estación de radio, una agencia publicitaria hará un mejor trabajo. Una agencia se tomara el tiempo para entender tu negocio, saber cuales son las metas que tienes para tu campaña publicitaria en radio, y se encargarán de crear un comercial que atraiga la atención de compradores. Si dejas este trabajo en manos de la estación de radio, tu anuncio terminará sonando algo similar a: "nosotros somos la compañía fulana de tal, nuestro número de teléfono es 000-000-0000, estamos ubicados en la calle zutana número 123, nos especializamos en xyz. Así que recuerde, si usted necesita xyz, llame a los profesionales de la compañía fulana de tal al número 000-000-0000 o visítenos en la calle zutana número 123". Para que un anuncio de radio atraiga la atención de posibles compradores, necesitarás creatividad, una agencia publicitaria será la fuente de decenas de ideas creativas.

• Contrata a un grupo musical o cantante local que esté tomando popularidad para que grabe tu anuncio. Si llegan a la fama, la gente seguirá relacionando al grupo con tu negocio.

• Usa efectos de la vida real en tu anuncio, como ladridos de perro, bebé llorando, lluvia, etc. Los estudios de grabación cuentan con este tipo de sonidos almacenados.

• Usa palabras simples y entendibles. Deja las palabras rebuscadas para otra ocasión.

Otra opción en la publicidad en radio son los "control remoto", donde básicamente un locutor asiste a tu negocio y transmite su programa desde ahí. Para atraer la atención puedes hacer rifas o dar pruebas gratis de tu producto o servicio.

PUBLICIDAD EN TV.

Los comerciales de televisión han sido el factor que han construido (y también destruido en otros casos) el éxito de muchos negocios. Para muchos, la publicidad en televisión sigue siendo el misterio sin resolver. El poner un anuncio en TV no crea resultados mágicos, para que un anuncio en TV sea efectivo se requiere de estrategia, conocer a profundidad los gustos, motivaciones, miedos, necesidades y tendencias de compra de tus clientes, pero sobre todo de mucha imaginación.

Si piensas que la publicidad en TV está lejos de tu alcance, piensa dos veces. La mayoría de cadenas nacionales ofrecen la oportunidad de anunciarte a nivel local por un costo mucho menor del que incurrirías si lanzaras una campaña publicitaria a nivel nacional. Esto te da la oportunidad de poder estar frente a los ojos de miles de personas en tu ciudad. Sin embargo, la televisión es uno de los medios que requiere de una inversión mayor, por lo que debes planear cada detalle de tu campaña publicitaria en TV.

Algo que tienen en común los comerciales de televisión más exitosos es el hecho de ser únicos e imaginativos. En realidad, no existe una formula mágica para crear un comercial de televisión que genere resultados, pero existen ciertos factores que pueden ayudar a tu comercial para que lo logre.

Comienza por el final. Antes de comenzar con cualquier aspecto de tus comerciales debes de definir exactamente cual es el propósito del anuncio. Una vez que lo haz hecho, debes de definir cual es la acción que el espectador debe tomar para lograr dicho propósito. Si prendes la televisión te darás cuenta que hay una gran cantidad de anuncios al aire sin este fin bien definido y después de unas semanas terminan sacando el anuncio del aire porque no generaron resultados. Debes de definir una "llamada para tomar acción", esto es, definir exactamente que acción quieres que tome el espectador al final de ver tu anuncio. Algunas de estas llamadas para tomar acción pueden ser: "llámanos ahora mismo y haz una cita", "visítanos en nuestra dirección calle Fulana número 123", "baja nuestro catálogo gratuito en nuestra página en internet www.website.com", etc.

Persuasión. Una vez que haz definido la llamada para tomar acción que tomará la audiencia, entonces se debe trabajar en un mensaje, historia o diálogo de ventas que logre persuadir a tu audiencia para que tome dicha acción. No se trata solamente de presentar tu negocio, lo que haces o que ofertas ofreces y cómo localizarte. Se trata de persuadirlo, convencerlo y crearle la urgencia de llamar o visitarte.

Para lograr persuadir a la audiencia crea una imagen visual de tus clientes en tu mente, escríbela, y contesta las siguientes preguntas por escrito:

• ¿Qué necesidades tiene mi cliente que mi producto o servicio puede cubrir?

• Si la audiencia no consume mi producto o servicio, ¿en que problemas se puede ver envuelto?

• ¿Qué emociones de placer (orgullo, satisfacción, salud, felicidad, amor, etc.) puede sentir la audiencia si adquiere mi producto o servicio?

• ¿Qué problema actual puede resolver mi producto o servicio?

• Si la audiencia consume mi producto o servicio, ¿qué beneficios tendrá?

Una vez que escribes las respuestas a las preguntas anteriores, ponte en los zapatos de tus clientes y define cual respuesta es la que crearía una mayor motivación en ellos para tomar acción. Puedes hacer una encuesta a tus clientes y así sabrás a ciencia cierta las razones por las cuales consumen tu producto o servicio.

Planea tu anuncio. En televisión no puedes darte el lujo de desperdiciar tiempo. El mal uso de un par de segundos puede hacer la diferencia entre persuadir o desinteresar a la audiencia. Una vez que se ha determinado la llamada de acción y el factor de persuasión, es tiempo de crear una historia o mensaje que una ambos puntos. La historia debe de llevar una secuencia lógica y que sea fácil de entender para la audiencia. En televisión no puedes jugar a las adivinanzas con la audiencia, solo tienes unos segundos para persuadirla a que tomen acción. El primer paso para planear tu anuncio es escribir la historia que se desarrollará en el comercial. Después de tener la historia por escrito, se debe crear un guión de secuencias graficas, o "story board". Este guión muestra con ilustraciones, imágenes o fotografías la historia escrita y la secuencia del comercial. De esta manera se puede visualizar de una mejor manera cual será el resultado final del comercial antes de comenzar su producción, y ayudará al desarrollo de la historia en el tiempo que se tiene establecido. Las agencias publicitarias y de producción cuentan con artistas encargados de crear estos guiones visuales. Algunos de los puntos que debes incluir en tu planeación son:

• El comercial deberá contener frases cortas y entendibles con facilidad.

• Si tu comercial requiere de actores, asegúrate que su apariencia física refleja la de tus clientes. También considera la posibilidad de contratar a una celebridad (con una reputación positiva) para que sea la imagen de tus comerciales y el resto de tu material publicitario.

• Define cual será el tono de tu comercial, puede ser gracioso, informativo, alegre, triste, etc.

• Tu anuncio debe de ir al punto, sin rodeos ni historias que no sean relevantes al mensaje que estás tratando de dar.

• Considera incluír a tus clientes en el comercial. Puedes contar con ellos a manera de testimonios o como ejemplos reales del uso de tu producto o servicio.

• Dedica el tiempo suficiente para que la llamada de acción sea clara y lo suficientemente larga para que la audiencia capte la información.

En la producción y post producción del comercial.
• Asegúrate de que el comercial respeta la imagen corporativa de tu negocio creada por tu agencia de diseño o director de arte. Esto incluye tu logotipo, colores y demás elementos visuales.

• Para hacer atractivo el comercial desde los primeros segundos, puede comenzar con una breve animación con graficas y efectos especiales.

• Puedes usar efectos especiales en el transcurso del comercial para hacerlo más atractivo. Las compañías de producción y agencias publicitarias cuentan con software especial-izado para crear efectos visuales llamativos, animaciones en tercera dimensión, etc.

• Usa música de fondo y un logo auditivo. Usa los mismos principios descritos en la sección de comerciales para radio.

• Asegúrate que la compañía de producción haga uso de distintos usos de cámaras, como alejamientos, acercamien-tos, cambios de ángulo, etc. Un comercial que muestra ex-actamente la misma escena sin ningún tipo de cambio en el enfoque de la cámara se vuelve tedioso y aburrido. Tu com-pañía de producción deberá asegurarse de tomar las escenas en diferentes ángulos y posiciones para lograr mantener la atención del espectador durante el transcurso del comercial.

• Considera grabar dos o varios comerciales que puedes intercambiar para probar diferentes resultados.

• Pide que se te proporcione tu comercial en formatos de DVD (video en alta resolución), y en CD (video en baja resolución) para que puedas incluirlo dentro de tu website y subirlo a servicios de video en línea.

Posicionamiento en televisión o películas. Si eres fanáti-co del buen cine, tal vez haz notado que por alguna razón las computadoras marca Apple son las favoritas de casi todo personaje de película. ¿Crees que es por gusto del director del filme o mera casualidad? Claro que no. Esta es una es-trategia que muchas compañías han usado con éxito durante los últimos años. Es una manera muy sutíl de hacer publici-dad. La gente ve su programa de televisión o película favor-ita, y de repente aparece en la pantalla una marca conocida. De igual manera tal vez recuerdes como en tu programa de televisión favorito, el o la protagonista de pronto aparece bebiendo un refresco de cola de alguna marca conocida. Si deseas hacer publicidad en televisión pero no cuentas con el presupuesto para lanzar una campaña tradicional, entonces el posicionamiento en programas o películas pueda ser tu opción. Esta opción puede ser más económica que una campaña tradicional y será un excelente medio para incrementar el reconocimiento de tu marca. Contacta a estudios de películas o programas televisivos en tu ciudad para discutir esta posibilidad.

Infomerciales. Los infomerciales te permiten mostrar tu producto o servicio directamente en el televisor de tu audiencia. Algunos canales de televisión locales ofrecen comprar tiempo aire para la producción de este tipo de publicidad. Puedes rentar espacios en TV de 30 o 15 minutos y este tipo de canales te permiten entrar en la casa de prospectos directamente en tu ciudad. Una vez que has televisado estos programas, puedes pedir a la estación de TV que te provean de una copia del programa en DVD, del cual podrás extraer el video y subirlo al Internet en una página de videos como YouTube. De esta manera tu video podrá ser encontrado por miles de internautas buscando de tus servicios y productos, podrás insertarlo en tu pagina Web y podrás distribuirlo por correo electrónico.

Variar tu anuncio. Una campaña publicitaria monótona y aburrida terminará por pasar totalmente desapercibida. Tomemos por ejemplo a McDonalds. Esta compañía corre comerciales de televisión en varios canales de televisión al mismo tiempo. Por ejemplo, si prendes la televisión al medio día, podrás ver un comercial, pero si cambias de canal, podrás ver otro comercial totalmente distinto: distinta música, distinto mensaje, etc., pero manteniendo consistencia en su marca (logo, eslogan y colores). Esta variación hace que cada anuncio sea atractivo y que cada vez que la audiencia ve un nuevo comercial de McDonalds, en lugar de cambiar el canal quieren ver el comercial.

El variar tus comerciales, manteniendo consistencia en tu marca ayudará a mantenerte tu negocio en el gusto de tu audiencia. Estos cambios puedes estipularlos al momento de hacer contratos con los medios, generalmente no tendrán ningún problema para hacer este tipo de variaciones.

Recuerda entonces al momento de comenzar a crear tus anuncios tener ideas variadas que sean atractivas para las diferentes audiencias que verán tus anuncios. No puedes cortar todas las rebanadas con el mismo cuchillo.

CREANDO UN CALENDARIO ANUAL DE MERCADEO

Los mejores clientes no son los que logras conseguir después de haber hecho publicidad, sino aquellos que después de haber comprado, regresan a tu negocio, recomiendan a más personas y siguen comprando de tu negocio. Como verás en el siguiente punto, te darás cuenta que la mayor parte del ciclo de la relación con tu cliente se crea después de haber hecho la compra. Por lo tanto, por lo menos la mitad de tus recursos en mercadeo, deberán de ser destinados para retener a tus clientes actuales. El proceso de mercadeo para tus clientes actuales nunca termina.

Fechas importantes en EU y Latinoamérica en el año.
Cada país cuenta con una gran cantidad de días feriados cada año, lo cual significa que puedes tomar ventaja de estos días para aumentar tus ventas. Esta es otra de esas estrategias que las grandes compañías usan para aumentar sus ventas. Tengo clientes, por ejemplo, que en días feriados hacen las ventas equivalentes a la mitad de sus ventas totales anuales

en un solo día. Esto no es cuestión de magia, ni de suerte, ni coincidencia, lograr esto es cuestión de planeación. Tu también puedes tomar una gran ventaja de los días feriados y aumentar en grande tus ventas, sin gastar una fortuna.

Para tener éxito en tus ventas de días feriados, es esencial seguir ciertos pasos.

• *Conoce la cultura de tus clientes.* Si vives en un barrio donde abundan los grupos étnicos, como son los barrios de New York o Chicago, familiarízate con la cultura de tus prospectos. Asiste a fiestas y eventos culturales o lee libros y revistas para que entiendas su historia e idiosincrasia. Mientras más sepas qué les gusta, podrás crear mejores estrategias que llamen su atención. Esto aplica de igual manera si tus clientes son un nicho muy específico. Por ejemplo, si tus prospectos son estudiantes universitarios, lee revistas o periódicos dirigidos a estudiantes, escucha la radio que ellos escuchan, visita sitios de internet de moda y ve un poco de algún canal de televisión que los jóvenes ven. Un gran error, por ejemplo, de compañías de antaño que tratan de reclutar jóvenes para trabajar, es pretender llamar su atención con palabrería rebuscada o imágenes anticuadas. Debes usar palabras e imágenes que son comunes para tu mercado.

• *Comienza a planear por lo menos con 3 meses de anticipación.* No dejes pasar estas oportunidades haciendo las cosas demasiado tarde. En mi página de internet podrás bajar un calendario exclusivo para uso de publicidad, visita CarlosFlores.net/formas y regístrate.

Días festivos en Estados Unidos
Primero de enero. Año nuevo.
18 de enero. Nacimiento de Martín Luther King Jr.
14 de febrero. Día de San Valentín.

15 de febrero. Nacimiento de Washington.

Tercer lunes de febrero. Día del presidente.

8 de marzo. Día internacional de la mujer.

Primero de abril. April's fool.

22 de abril. Día de la tierra.

Segundo domingo de mayo. Día de la madre.

5 de mayo. Cinco de mayo (Batalla de puebla).

31 de mayo. Memorial day (recordando a los caídos en guerra).

14 de junio. Día de la bandera.

Primer domingo de junio. Día de los sobrevivientes de cáncer.

Tercer domingo de junio. Día del padre.

4 de julio. Independence Day (día de la independencia).

6 de septiembre. Labor Day (día del trabajo).

11 de octubre. Columbus Day (día de la raza).

Tercer sábado de octubre. Sweetest Day.

31 de octubre. Halloween.

11 de noviembre. Veterans Day (día de los veteranos).

25 de noviembre. Thanksgiving Day (día de acción de gracias).

26 de noviembre. Black Friday (día después de acción de gracias).

25 de diciembre. Christmas day (navidad).

Días festivos en México

6 de enero. Día de los Santos Reyes.

5 de febrero. Día de la constitución.

21 de marzo. Natalicio de Benito Juarez.

1ro de mayo. Día del trabajo.

5 de mayo. Batalla de puebla.

16 de septiembre. Día de la independencia de México.

1ro de noviembre. Día de los muertos.

20 de noviembre. Día de la revolución.

12 de diciembre. Día de la Virgen de Guadalupe.

25 de diciembre. Navidad.

Para una lista completa de todos los días festivos por país visita:
http://en.wikipedia.org/wiki/List_of_holidays_by_country

Para bajar un calendario anual de mercadeo para tu uso personal, visita CarlosFlores.net/formas

Fechas locales importantes. También es importante que tengas una lista de las fechas en tu ciudad y barrio que son importantes para tus clientes, tales como:

• Graduaciones de estudiantes.
• Festividades de la ciudad.
• Eventos deportivos locales.
• Eventos culturales.
• Eventos de salud.
• Exposiciones artísticas.
• Conciertos.

Eventos deportivos. Los eventos deportivos son un magneto de masas. El ser parte de este tipo de eventos puede ponerte frente a los ojos de miles de posibles compradores. Entre los principales eventos deportivos se encuentran:
• Super bowl (super tazón). Primer domingo de febrero.
• Copa mundial de la FIFA. Celebrada cada 4 años, la más reciente en el 2010.
• Juegos Olímpicos. Jugados cada 4 años, los más recientes en el 2008.
• World Series, (Campeonato de baseball de las grandes ligas) días variados en Octubre.
• Eventos locales y nacionales.

MARKETING TRADICIONAL
VS. "NEW MEDIA".

En los últimos años se ha acuñado el termino "new media", que se refiere a la mezcla de los medios de comunicación tradicionales (televisión, radio, revistas y medios impresos) con la publicidad realizada en los nuevos medios de comunicación electrónica, tales como el internet, celulares con acceso a la red, DVD's y CD ROMS.

Es importante que conozcas este concepto y te familiarices con todas las oportunidades que "new media" tiene para tu negocio. Especialmente si estás comenzando tu negocio o si tu presupuesto de publicidad es limitado. "New media" es innovador y atrae la atención de prospectos y clientes, puede tener un costo relativamente bajo y muchas veces es gratuito. New media te permite entrar en contacto con tus clientes y prospectos y crear interacción como ningún otro medio.

Cada vez son mas las compañías que han hecho de "New media" su nueva base para hacer llegar sus productos y servicios a las masas. Cada día son más las personas que dejan de prender el televisor y el radio y dejan de comprar periódicos y revistas para pasar más tiempo conectados al internet. Esto trae consigo dos grandes oportunidades, por un lado los medios tradicionales cada vez son menos efectivos (y generalmente igual de caros). Por otro lado, "new media" crece en popularidad día con día y es mucho más económico y en muchos casos es más efectivo que los medios tradicionales.

New media también se refiere al uso de medios tradicionales mezclados con el internet para llevar a cabo su propósito. Por ejemplo, si corres un anuncio en TV puedes invitar a tu audiencia que visite tu página de internet para pedir ejemplos gratis o hacer una cita, o en tu anuncio de periódico pides a los lectores que se hagan tus "amigos" en tus redes sociales (facebook, myspace, twitter, etc.) entonces estas tomando ventaja de "New Media".

El tema de New Media Marketing es tan extenso que he decidido publicar otro libro a parte para explicar a detalle el fascinante mundo de la nueva mercadotecnia y las maneras en las que puede abrir puertas y generar enormes ventas y ganancias para tu negocio. Para más detalles visita:

CarlosFlores.net (por cierto, este es un ejemplo de como New Media trabaja).

5

EJECUCIÓN
DE PLANES

Los 3 primeros pasos han formado las bases para ejecutar una estrategia de mercadeo efectiva. Al momento de ejecutar tu plan debes asegurarte que los sistemas que se crearon en el primer capítulo son utilizados en la ejecución de tu plan. También es indispensable que tu plan lleve como bandera la imagen que creaste en el segundo capítulo, y que el plan se lleva a cabo conforme lo planeaste.

COMO RECIBIR PUBLICIDAD EN LOS MEDIOS SIN PAGAR UN SOLO CENTAVO.

Hace un par de años mi esposa y yo lanzamos una revista única en la ciudad. Esta revista tenía como mercado la mujer hispana local. En aquel entonces los comienzos para este proyecto fueron bastante humildes, era un proyecto que cobró vida gracias al esfuerzo de ambos. Cuando lanzamos la primera edición nuestro capital era limitado, así que no podíamos invertir dinero para hacer publicidad para la revista. Teníamos que encontrar una manera rápida y efectiva para que toda la ciudad conociera de este nuevo proyecto. Después de mucho pensar como podíamos hacer para que la ciudad conociera de la nueva revista, se nos ocurrió una idea. El día en el que comenzamos la distribución, toda la ciudad de Chicago y alrededores ya sabía de su existencia, y lo mejor de todo, no habíamos gastado ni un solo centavo en publicidad.

Los medios, tu mejor aliado. Lo que sucedió con esta revista fue que una de las estaciones locales de televisión nos entrevistó a mí y a mi esposa. Fue una entrevista aproximadamente de 1 minuto, hecha por Enrique Rodriguez, que se repitió en el noticiero de la tarde y de la noche (los programas con mayor audiencia en la televisión local hispana). En nuestra primer edición, Paula Gómez, una de las reporteras del canal, fue la primer celebridad a quien tuvimos el privilegio de entrevistar, y engalanó nuestra portada. Cientos de miles de personas vieron nuestra entrevista en TV. Al día siguiente mientras estábamos en la calle distribuyendo, muchas personas nos preguntaban: ¿que no es usted el de la nueva revista? Si hubiéramos tenido que comprar ese tiempo al aire, posiblemente hubiéramos invertido miles de dólares en publicidad. Un amigo nuestro que trabaja en otra estación de TV local también nos entrevistó, lo que nos dio aún más exposición. Gracias a esta entrevista hecha por Antonio y Rafael, recibimos una exposición mucho mayor.

Los medios de comunicación pueden ser un gran aliado para tu negocio. Teniendo experiencia como publicista de revistas y portales de internet, puedo decirte que los medios de comunicación siempre están en búsqueda de material que valga la pena publicar. En nuestro caso, esta revista fue la primer publicación en la ciudad dedicada exclusivamente al mercado femenino de habla hispana, nunca en la historia de la ciudad se había publicado una revista con este enfoque, lo que fue una noticia recibida con gran beneplácito por parte de la comunidad.

Uno de mis clientes, dueño de una pizzería local, cada año solía organizar un evento en su pizzería: "¡concurso anual de comer pizza!". Algo en particular a cerca del restaurante de mi cliente es que sus rebanadas de pizza son aproximadamente 5 veces más grandes que una rebanada regular, por lo que comer 2 o 3 rebanadas de pizza en su restaurante es todo un logro. Cada año, mi cliente solía recibir la atención de todos los medios y curiosos de la ciudad. El gran premio era un cheque de $ 1000, que en realidad no era más que una excelente inversión, la cobertura en los medios que recibía valía mucho más.

A esta estrategia de mercadeo se le conoce en inglés como "PR", o "Public Relations" (relaciones públicas). En resumen, las relaciones públicas son todos los esfuerzos que tu negocio hace para recibir menciones en los medios masivos: periódicos, revistas, TV, radio y portales de internet.

Aunque como lo dije antes: los medios siempre buscan material para publicar, los editores y jefes de noticias siempre le prestarán atención a noticias que sean de interés y valor para su audiencia.

Tú puedes contribuir con los medios de comunicación exponiendo tu negocio. Antes debes seguir ciertos pasos. No necesitarás gastar dinero, pero si requerirá de tiempo y esfuerzo.

1. Enlista los medios. Haz una lista de los medios que tus clientes y prospectos leen, escuchan y ven. Esta lista puede variar dependiendo si tu negocio atiende solamente una pequeña comunidad, una ciudad, un estado o un país entero. Entre los medios que puedes enlistar están:

• **Medios impresos.** Periódicos locales con distribución en toda tu ciudad, periódicos locales con distribución en ciertas áreas de la ciudad, periódicos estatales, nacionales, y revistas. Folletos, y boletines de organizaciones, universidades o de otras compañías son también una excelente manera de recibir publicidad.

• **Medios electrónicos.** Periódicos y revistas electrónicas y boletines por correo electrónico

• **Radio y televisión.** Local, estatal y nacional.

2. Consigue tus contactos clave. Una vez que tienes la lista de los medios, es hora de contactar a la persona que se hará responsable de publicar tu noticia. En el caso de los medios impresos deberás buscar el nombre, número de teléfono, fax y dirección de correo electrónico del editor de la publicación. Esta información la puedes conseguir en el directorio de la publicación, que es el listado de todas las personas que trabajan para dicho medio. El directorio generalmente está localizad en las primeras 5 páginas de la publicación, y muchas veces incluye una línea que dice "para enviar cartas al editor escriba a..." Si estás contactando a un medio electrónico, esta información generalmente la podrás encontrar en la pare inferior del website en la sección de "Contacto".

En el caso de la TV y radio el proceso es un poco más complicado. En algunos casos, los noticieros o programas de TV y radio anuncian al aire la dirección de correo electrónico donde se pueden enviar sugerencias. Puedes enviar un mensaje a esa dirección y pedir que te proporcionen la información de contacto del "Jefe de Noticias" o del "Director de programación".

En dado caso que la TV o estación de radio no proporcionen esta información, es tu tarea investigar en google o yahoo el sitio web de dicha estación y entrar en contacto con ellos.

3. *Elabora tu historia.* Este punto es crucial para lograr llamar la atención de los editores y jefes de noticias. Tu historia debe de ser relevante para la audiencia de los medios que buscas que la publiquen. Tu historia puede ser un anuncio de un evento en tu establecimiento (o el cual patrocines), un cambio en tu negocio (como la apertura de una nueva sucursal o cambio de domicilio), o lanzar un producto o servicio innovador al mercado. Es esencial que tu comunicado no sea una carta de ventas, pues lo único que lograrás será llamar la atención del departamento de ventas. Es importante que consideres que no siempre los medios prestarán atención a tu historia, por lo que deberás tener una lista de historias que elaborarás en las siguientes semanas y meses.

4. *Escribe tu comunicado de prensa.* Los editores y jefes de noticias reciben docenas de comunicados de prensa todos los días, por lo que el tuyo debe de ser corto, conciso y al grano. Un comunicado de prensa de no más de una página tiene más posibilidades de ser publicado que uno de 4 páginas. Asegúrate de seguir el formato en la página 161. Para leer un ejemplo de un comunicado de prensa completo visita CarlosFlores.net/formas

5. *Envía tu comunicado de prensa.* Es tiempo de comenzar a enviar por correo electrónico tu comunicado de prensa. Algunos editores y jefes de noticias prefieren recibir comunicados de prensa por fax, enviarlo por ambos medios hará que presten más atención a tu comunicado.

6. *Contacta a los editores y jefes de noticias.* Espera dos días y llama por teléfono a los editores y jefes de noticias a

quienes enviaste tu comunicado de prensa. Al llamar solamente tienes que decir que eres "Fulano De Tal", de la compañía "Zutana De Tal" y que le estás llamando porque hace
dos días les enviaste un comunicado de prensa y quieres saber si lo recibieron, si tienen preguntas y dejarles saber que
estás dispuesto a participar en cualquier entrevista o reportaje que se necesite. Algunos medios solamente tomarán tu
comunicado de prensa y lo publicarán tal cual lo escribiste
(si hiciste un excelente trabajo de escritura) o harán un resumen, pero algunos requerirán de hacer un reportaje o entrevista, en estos casos...

7. *¡Prepárate para la entrevista!* Esta es tu gran oportunidad de hacerte visible en tu comunidad. El ser entrevistado
por los medios le da un sentido de credibilidad a tu negocio
que ni siquiera la publicidad pagada ofrece. El dar una entrevista a muchos les causa nervios, si nunca has estado frente
a una cámara de televisión o frente a un micrófono de radio
en vivo, es hora para que te prepares. Si la entrevista requiere
de video o fotografías, asegúrate de verte lo más presentable posible. En algunos casos el medio que te entrevistará
te preguntará con anticipación cuales puntos te gustaría cubrir en la entrevista. Si este es el caso asegúrate de escribir
y practicar frente a un espejo las respuestas, no necesitas
memorizarlas, pero debes poder contestar las preguntas con
la mayor fluidez posible. Si estás haciendo una presentación
de tu establecimiento, asegúrate que estará limpio y libre de
desastres en el momento de la entrevista. Si estás presentando un producto, asegúrate que funcionará adecuadamente
haciendo las pruebas suficientes, lo peor que te puede pasar
es que estés dando una entrevista en vivo y que tu producto
no funcione en el momento, que te de un ataque de nervios
y que no sepas que contestar, o que tu negocio se vea desor-
denado y sucio. La clave es estar bien preparado.

COMUNICADO DE PRENSA
PARA DISTRIBUCIÓN INMEDIATA

Sinopsis: Este párrafo debe de resumir en no más de 5 líneas de que se trata tu comunicado. La sinopsis debe contestar las preguntas: qué, cómo, cuándo, dónde y porqué de tu historia.

Los Ángeles, 14 de abril del 2011 (en esta línea pones la ciudad donde se lleva a cabo la noticia y la fecha)

Primer párrafo. El primer párrafo de tu comunicado de prensa debe de ser la introducción de tu historia. El primer párrafo puede ser utilizado para presentar un problema que tu producto o servicio ha llegado para resolver.

Segundo párrafo. En este párrafo comienzas a describir tu producto o servicio

Tercer párrafo: Es la continuación de tu historia.

Cuarto párrafo: Es la conclusión de tu historia.

Para más información contacte a:
Tu nombre completo
Tu título
tuemail@tuempresa.com
(000) 000.000 (tu teléfono)

Para ejemplos de comunicados de prensa visita
CarlosFlores.net/formas

MARKETING BARATO
VS MARKETING CARO

Para ganar el juego del mercadeo debes escoger los mejores medios para promovelo: el que te ofrecen mayor calidad y una mayor exposición a tu nicho de mercado. Esto muchas veces puede requerir de una mayor inversión de dinero, pero de igual manera, muchas veces significa que invertir en calidad puede ahorrarte mucho dinero a largo plazo.

Para ejemplificar puedo compartirte algo que veo con mucha frecuencia en mi negocio de impresión. Por ejemplo, hay muchos comerciantes que optan por distribuir volantes impresos en blanco y negro para promover sus negocios. He tenido muchos casos de comerciantes que me dicen que pueden obtener 10 000 volantes en blanco y negro, por el mismo precio por el cual mi compañía ofrece 5 000 volantes a colores. Si bien es cierto que el número de personas a las que expongas tu negocio influye mucho en la cantidad de ventas que se generarán, también influye mucho la calidad del medio por el cual lo publicitas.

Lo que yo le explico a estas personas, es que la publicidad a colores atrae (en mi experiencia trabajando en estos casos) por lo menos 8 veces más la atención de posibles compradores. Puesto en números, si el distribuir 10 000 volantes en blanco y negro cuesta $ 400, y si esos 10 000 volantes se distribuyen en el lapso de 1 semana, en promedio el regreso en inversión es del .015%, lo que genera aproximadamente 150 nuevos clientes. En este caso, el costo de adquisición por cada cliente fue de $ 2.66.

Pero si se distribuyen 5000 volantes a colores y tomamos en consideración que la impresión a todo color es 8 veces más efectiva, el porcentaje de efectividad entonces es del

.12%, lo que se traduce al final del mes en aproximadamente 600 clientes. Considerando que imprimir los 5000 volantes tiene un costo de $ 400, entonces el costo de adquisición por cada cliente fue de solamente $ .66, dos dólares menos por cliente a diferencia del caso de los volantes blanco y negro. En este caso, el gastar en publicidad blanco y negro resulta carísimo a comparación de invertir en los volantes a todo color. En otras palabras, el precio que pagues por publicidad en realidad no importa, lo que importa son los resultados que genera y el costo por adquisición de cada cliente, el cual se calcula dividiendo la cantidad invertida en la publicidad entre el numero de clientes recibidos,

($ 400 ÷ 600 clientes = $ .66).

Es cuestión de sentido común. La gran mayoría de las personas a las que les explico este concepto terminan por dejar en el pasado los volantes en blanco y negro y toman la inteligente decisión de comprar los volantes a colores. El mismo principio aplica para los anuncios en otros medios impresos como periódicos y revistas. Si piensas publicitar tu negocio en uno de estos medios y piensas que obtendrás una gran oferta al comprar anuncios en blanco y negro, en realidad solamente estarás desperdiciando tu dinero. ¿Quieres comprobarlo? Toma un periódico o revista, y pide a tu esposa o esposo que le de un vistazo de principio a fin. Una vez que termine de ojearlo, espera un par de minutos y pide que mencione el nombre de dos o tres negocios anunciados que tengan un anuncio en blanco y negro. La mayoría de las personas que realizan este ejercicio muchas veces no pueden recordar ni uno solo.

Hace unos meses tuve una consulta con un prospecto cuya compañía en crecimiento necesitaba de un portal en internet. Después de una amena charla y empaparme de las necesidades de esta compañía les propuse crear un portal que fuera atractivo para sus prospectos y clientes, funcional para sus empleados y que fuera una de las herramientas básicas para las funciones de reclutamiento de la empresa. El portal incluiría videos, formas de contacto, y demás funciones que harían del portal un elemento clave en la imagen y credibilidad de la compañía. Misteriosamente, la compañía terminó "posponiendo" el proyecto.

Después de un tiempo me enteré que la compañía había optado por contratar a otra agencia de diseño web en el extranjero que haría el proyecto por menos de una cuarta parte del precio original que yo había propuesto. Aunque se que el contactar compañías en el extranjero puede ser muy "económico", tenía curiosidad de ver el proyecto una vez fuera terminado.

El "portal" terminó siendo una página de diseño y funcionalidad mediocre, que más que proyectar credibilidad generaba dudas de la veracidad de los productos que dicha compañía ofrece. En este caso, el haber "ahorrado" dinero en los costos de tener un portal bien hecho, para esta compañía resultó carísimo, mucho más caro de lo que hubieran invertido si desde un principio hubieran invertiro en lo mejor para el crecimiento de la empresa. Este "ahorro", en realidad les costó posiblemente cientos de miles de dólares a la larga en productos no vendidos al no proyectar credibilidad. Esta compañía emplea agentes de ventas por comisión, por lo que posiblemente muchos agentes al ver la pobreza del material publicitario que la compañía ofrece a su cuerpo de ventas, optarán por una mejor compañía que no tenga miedo de invertir para ayudar a sus vendedores a ser exitosos. Si esta compañía hubiera esperado unos meses para ahorrar el dinero e invertirlo propiamente, su situación presente sería muy distinta. La compañía en el extranjero le ofreció ¡excelentes precios!, por un trabajo espantoso.

Hace unas semanas en una charla con uno de mis clientes, un dueño de una tienda de ropa para mujer, se acercó un vendedor de un periódico local proponiéndole un "negociazo": anunciarse en la edición especial del periódico de la copa mundial de fútbol. Parte del trato sería un precio de descuento y una distribución de más de 100 mil copias a nivel local. Aunque el precio era muy tentador, le aconsejé que no tomara la oferta. Le aconsejé que invirtiera un poco más en otra revista local de menor distribución, pero que es muy atractiva para chicas jóvenes, quienes son el mayor mercado de mi cliente. Terminó por tomar mi consejo, y al final del periodo de distribución de la revista sus ventas aumentaron varios miles de dólares. Si mi cliente hubiera tomado la decisión de anunciarse en el periódico, le hubiera resultado carísimo, ya que la mayoría de los lectores del periódico, y sobre todo en la edición del mundial serían hombres. Tal vez algunas mujeres hubieran leído esa edición especial, pero seguramente ninguna hubiera tomado el periódico en búsqueda de lo último en modas.

Si quieres que el dinero que inviertes en la publicidad de tu negocio genere resultados invierte en lo mejor, aunque requiera de una mayor inversión.

Síndrome del negocio estancado

No hago publicidad porque
no tengo suficientes ventas.

No tengo suficientes ventas
porque no hago publicidad

La mejor manera para salir de este círculo vicioso es dejar de enfocarse meramente en hacer ventas y aplicar el paradigma de la mercadotecnia evolutiva: crear sistemas, crear una identidad, crear estrategias, ejecutar estrategias y evolucionar.

6

EVOLUCIÓN

El proceso de mercadeo no tiene un final. Aunque tu plan tenga un calendario de mercadeo, al momento de llegar a la fecha final debes evaluar tus resultados, mejorar tus estrategias, y repetir el proceso.

Evaluar. Evalúa que estrategias dieron resultados y cuales no. En este punto se vuelven de enorme valor los sistemas que creaste en un principio, ya que determinarán las fuentes de tus nuevos clientes y tus ventas totales.

Mejorar. Al saber tus resultados y las fuentes de donde los obtuviste, podrás saber en que estrategias inyectar más capital y que estrategias cesar.

Repetir. El proceso de Mercadotecnia Evolutiva no tiene final. Mercadotecnia Evolutiva requiere repetir el proceso.

COMO MEDIR RESULTADOS

Para poder medir los resultados de tus campañas publicitarias necesitas mantener un registro de todas las llamadas, visitas a tu website, número de personas que visitan tus instalaciones, y ventas totales generadas a partir de tu campaña. Es sumamente importante llevar un registro exacto de esta información. Existen varias maneras para llevarlo.

Registro contable. Puedes utilizar los programas de contabilidad que existen en el mercado. Los programas para pequeños negocios mas comunes son: Quickbooks (intuit. com) y Peachtree (peachtree.com). Este tipo de programas te permiten saber las cifras en ventas exactas por medio de graficas y tablas.

Base de datos. CRM (Customer Relationship Manager). Este tipo de programas te permite llevar un control general de tus clientes y prospectos. De igual manera te permiten saber tus ventas hechas en un determinado periodo de tiempo por medio de tablas y gráficas. Algunos ejemplos de CRM los puedes ver en CarlosFlores.net/socios

Registro de llamadas. Puedes contratar servicios en línea que te permiten rastrear el número de llamadas recibidas. Otra opción es crear un número de teléfono exclusivo para los anuncios que publiques. Puedes ver una lista de estos servicios en CarlosFlores.net/socios

COMO COLECTAR INFORMACIÓN DE TUS CLIENTES

El colectar información de tus clientes te dará la oportunidad de conocer mejor sus necesidades y gustos. Uno de los mayores errores que muchas compañías cometen es invertir enormes cantidades de dinero, recursos y tiempo en lanzar un producto o servicio que eventualmente no será del agrado de sus clientes. Evita este error a toda costa. He conocido a muchos empresarios que hacen sangrar sus negocios por invertir tremendas cantidades de dinero en surtir sus anaqueles de productos que estaban pasando de moda, o que simplemente ya no atraían la atención de sus clientes.

Una de las mejores maneras para evitar este error es encuestando a tus clientes. Para lograrlo tienes varias opciones. Todas ellas elevan su nivel de efectividad cuando incluyes algún tipo de beneficio para el cliente, como recibir un regalo o un descuento en futuras compras solamente por contestar la encuesta.

Correo directo. Puedes proporcionar a tus clientes con una encuesta que pueden llenar a mano y enviarla por correo. Al proporcionarles la encuesta también deberás de proporcionarles un sobre con estampilla y dirección a donde deberá ser enviada. Como opción tienes el darles la encuesta en una tarjeta postal. Por un lado de la postal puedes incluir una breve explicación de la encuesta y tus preguntas. Por el otro lado se puede incluir el resto de las preguntas. La parte posterior deberá de tener impresa la dirección donde se debe de enviar la postal y una estampilla prepagada o electrónica para que tu cliente no gaste en el envío. El único trabajo que deberá realizar tu cliente es llenar la encuesta y ponerla en el buzón de correo. Asegúrate de poner una fecha límite para que las personas envíen la pieza por correo, de esta manera podrás llevar un mejor conteo de las encuestas que regresen a tus manos.

Correo electrónico. El hacer encuestas por correo electrónico te permite realizar encuestas de manera rápida, fácil y económica. Existen servicios en línea que te permiten crearla en cuestión de minutos, enviarla a tu lista de clientes y colectar la información requerida en cuestión de horas. Las encuestas electrónicas te dan la oportunidad de recibir información exacta a cerca de la encuesta, como el porcentaje de personas que abrieron el correo para leer de la encuesta, y de ese porcentaje, que porcentaje completó la encuesta. Para una lista de proveedores visita CarlosFlores.net/socios

Encuestas telefónicas. Puedes crear una encuesta para realizarse a través del teléfono. Haz la encuesta por escrito y llama a tus clientes. Esta opción puede requerir de invertir tiempo pero te permite colectar información de viva voz. Como alternativa, puedes contratar un servicio automatizado que haga las llamadas por ti. Básicamente grabas un mensaje hablado, y el sistema se encarga de llamar automáticamente a tus clientes en cuestión de segundos. Al momento que tus clientes contesten la llamada, podrán responder a las preguntas del mensaje con los botones de su teléfono. Estos sistemas te permiten colectar información en cuestión de minutos. Asegúrate que el mensaje grabado no sea largo ni tedioso de escuchar, muchas personas detestan recibir llamadas de maquinas.

Encuestas en persona. Puedes encuestar a tus clientes directamente en tu negocio, pidiendo que llenen una forma o contestando a tus preguntas de viva voz para después colectar la información.

Recuerda que una vez que tengas esta información es indispensable que la analices y determines cuales son las preferencias y gustos de tus clientes. Si pensabas invertir tiempo y dinero en un producto o servicio, pero los resultados de la encuesta te revelan que no serán de total agrado para tus clientes, entonces es tiempo de ver rutas alternativas.

*Dice un dicho popular que "para todos sale el sol",
queriendo decir que en los negocios hay clientes para todos.*

¡FALSO!.

*La realidad es que cada día son más los negocios que cierran sus
puertas y adquirir esa mentalida es peligroso para tu
empresa.*

*La buena noticia es que la ciudad, el estado y el país están llenos
de oportunidades, pero solamente están disponibles para el valiente
que está dispuesto a dar lo mejor de sí mismo e invertir los recursos
necesarios para alcanzarlas.*

SEGUNDA PARTE.
ARMAS DE PUBLICIDAD PARA TU EMPRESA.

CÓMO ARRUINAR TU NEGOCIO...
EN DIEZ SENCILLOS PASOS

No hagas publicidad. Pretende que todo mundo conoce exactamente que ofrece tu negocio.

No hagas publicidad. Convéncete a ti mismo que no tienes el suficiente tiempo para pensar en promover tu negocio.

No hagas publicidad. Asume que todos saben que es lo que vendes.

No hagas publicidad. Convéncete que tu negocio ha estado ahí por tanto tiempo que tus clientes automáticamente vendrán a ti.

No hagas publicidad. Olvídate que siempre hay gente que podría convertirse en tu clientela, si supieran que existe tu negocio.

No hagas publicidad. Olvídate que tu negocio tiene competencia y que esta tratando de atraer a tus clientes.

No hagas publicidad. Convéncete que hacer publicidad cuesta mucho y que no tienes el suficiente dinero.

No hagas publicidad. Olvida que la publicidad es en realidad una inversión en tus ventas, y NO un gasto.

No hagas publicidad. Asegúrate de no crear un presupuesto de publicidad para tu negocio.

No hagas publicidad. Olvida que tienes que seguir recordándole a tus clientes establecidos que aprecias su patrocinio.

7

ARMAS DE PUBLICIDAD

¿Que tienen en común una resortera y una pistola? En que ambas son armas, y que si sabes usarlas de la manera correcta, ambas armas pueden ser letales.

Lo mismo sucede con las armas que uses para promover tu negocio. No necesitas gastar cantidades extraorbitantes de dinero para que tu publicidad sea efectiva, solo necesitas un poco de imaginación y saber la manera correcta de usar cada arma publicitaria. Esta sección está dedicada para enlistar, explicar, y dar algunas ideas creativas para usar estas armas. Algunas de ellas son gratuitas y lo más posible es que ya uses algunas de ellas. Si no te han generado resultados es porque no las has usado de la manera correcta. Lo más importante es que estudies cada una de ellas y encuentres la manera de usarla de manera creativa para tu negocio. Debes de tener muy en cuenta que las estrategias que escojas deben implementarse consistentemente por un lapso predeterminado de tiempo. Este libro lo deberás tener cerca de tu escritorio para que lo puedas consultar de manera contínua, o cuando necesites de nuevas ideas para aumentar tus ventas.

Es importantísimo que mantengas en tu base de datos un

registro de como tus clientes supieron a cerca de tu negocio. Si la mayoría de los clientes han llegado por medio de la publicidad en periódico, pero no te han llegado por los anuncios en revistas, entonces es momento de cortar la publicidad en revistas. Si la mayoría de los clientes te han llegado por medio de tu website, pero rara vez llegan clientes caminando a tu negocio, entonces es tiempo de pensar en distribuir volantes, poner pancartas u otros elementos para llamar la atención de los peatones y conductores.

Unos días atrás recibí una llamada muy peculiar. Me llamó un caballero dueño de una tienda de artículos para el hogar. Este hombre abrió las puertas de su negocio hace más de 10 años y nunca había hecho ningun tipo de publicidad para promover su negocio. Traté en muchas ocasiones de trabajar con él: le ofrecí hacer pancartas para su tienda, imprimir volantes, hasta llevar su tienda a la televisión y periódicos locales. Su respuesta siempre fue: "nunca he hecho publicidad ni pienso hacerlo, eso es solamente tirar el dinero".

Este caballero me llamó hace unos días: "Carlos, soy Ernesto, de la tienda XYZ, ¿me recuerdas?, te llamo porque necesito imprimir una pancarta de 20 pies de largo por 6 de alto, ¿puedes ayudarme?". La llamada me sorprendió bastante, este hombre era la última persona de quien esperaba recibir una llamada. ¡Claro que si!, ¿qué ofertas o productos son los que quiere promover con la pancarta?. El hombre bajó un poco la voz, y con un tono de tristeza respondió: "Carlos estoy por cerrar mi tienda, la crisis me está matando y ya no puedo más. Tengo 5 semanas para cerrar y entregar el local. La pancarta debe decir:

NOS VAMOS DEL NEGOCIO, TODO A UN 75% DE DESCUENTO."

Lo triste de esta situación es que este final trágico pudo haberse evitado. Si esta persona hubiera pensado en hacer una pancarta 1 año atrás, posiblemente hoy su situación sería muy distinta. Lo curioso de esta situación, es que precisamente esa pancarta fue todo el material publicitario en el que invirtió durante la existencia de su negocio.

Lo que es más triste aún es que este tipo de casos suceden con demasiada frecuencia.

Basta que abras los periódicos y veas anuncios de tiendas de las que tal vez jamaz habías escuchado, pero que compraron un enorme anuncio de página completa para anunciar que están cerrando sus puertas.

No permitas que tu negocio sea uno de tantos que tiene que cerrar sus puertas por no haber tomado acción a tiempo. A continuacion te presento una lista de más de 100 estrategias que te ayudarán a promover tu negocio, tus productos o servicios y tu persona.

ARTÍCULOS PROMOCIONALES

Bolsas. Si tu negocio ofrece productos que pueden ser llevados en bolsas, asegúrate que llevan tu logotipo impreso en ellas. Al salir los clientes de tu negocio, tus clientes serán un anuncio caminante que atraerá las miradas de toda persona que camina cerca. Para lograr esto la bolsa debe ser llamativa, con colores resaltantes y de preferencia a todo color. Una opción que puede ser un poco más económica es pegar calcomanías en tus bolsas. Para una lista de proveedores de bolsas visita CarlosFlores.net/socios

Calcomanías. Pueden ser usadas para pegarse directamente a tu mercancía, a las envolturas, paquetes, cajas y bolsas con las que presentas tu producto o servicio. A parte, si la calcomanía es lo suficientemente llamativa, puedes regalarlas a tus clientes y prospectos para que ellos las peguen en sus autos, lo que le dará más publicidad a tu negocio. Para precios visita MangoPrinting.com.

Calendarios. Los calendarios son un arma publicitaria que todo negocio debería usar. Los calendarios te dan publicidad 365 días del año frente a los ojos de tus clientes. El mejor tipo de calendarios son los calendarios de pared en los que cada mes hay que cambiar de página para estar al día. Esto crea cierta interacción entre el calendario y tu cliente. En cada hoja del mes puedes promocionar un producto, servicio u oferta distinta. Para precios visita MangoPrinting.com.

Ropa. Camisas, playeras, gorras, pulseras, shorts, bikinis y toda clase de prendas de vestir con la imagen de tu negocio son una excelente manera de promoverlo. No solamente tus empleados y tú deberían tener prendas promocionales, también deberías regalarlas a tus clientes y prospectos, te sorprenderá ver a gente totalmente desconocida en la calle caminando con tu camisa puesta haciendo publicidad a tu negocio. Para una lista de proveedores visita CarlosFlores.net/socios

Catálogo. Tener un catálogo para tu negocio es como tener un vendedor haciendo ventas por ti y sin cobrar salario ni comisión. Un catálogo debe contener fotografías grandes del producto o servicio que quieres vender y una descripción detallada del mismo. No es necesario proveer precios en tu catálogo, muchas veces es mejor mantener los precios en secreto para que el prospecto llame o visite tu negocio y hacer la venta frente a frente. Tu catálogo debe contener un índice, páginas numeradas, información de contacto, website, dirección, una forma para que tu cliente pueda ordenar productos o servicios por correo o por fax, y muy importante, una foto de tu mejor producto o servicio en la portada.

Certificados de regalo. Si tu negocio no ofrece certificados de regalo, definitivamente estás dejando ir un excelente medio de ventas. Los certificados de regalo te permiten hacer ventas por adelantado, y muchas veces, no verás a la persona que recibió el certificado ir a tu negocio a canjearlo. Por lo tanto, tu certificado de regalo deberá de ser llamativo y de alta calidad. Puedes ofrecer certificados de regalo en forma de tarjeta de crédito o impresos en papel texturizado. Cada certificado de regalo deberá tener un numero de código único o un estampado, de esta manera evitarás que personas "inteligentes" pretendan falsificarlos. Para precios visita MangoPrinting.com.

Dulces. Da a tus clientes un dulce recuerdo de tu negocio. Existen compañías que te ofrecen imprimir tu logotipo en la envoltura o directamente en dulces y otro tipo de comestibles. Esta estrategia puedes usarla a tu favor, no solamente para darles un regalo a tus clientes. Si el comestible que regales tiene una envoltura, puedes imprimir algún tipo de promoción. "Colecta 5 envolturas y recibe un _____ gratis/ con descuento". Si haces esto, tus clientes coleccionaran las envolturas y cada vez que necesiten de tu producto o servicio, no pensarán en ir a otro lugar más que a tu negocio.

DVD. Crea un video que demuestre tu producto o servicio y grábalo en DVD para repartirlo entre tus clientes y prospectos. Hoy en día la producción de este tipo de material es sumamente accesible y fácil de realizar. Aunque lo recomendable es asistir a un estudio de grabación profesional para que se hagan cargo de la grabación, edición y reproducción del video, también puedes hacerlo con tu computadora. Para lograrlo necesitas una cámara de video (de alta definición de preferencia), un programa de edición de video, y una computadora con grabador de DVD. Para comprarlos puedes visitar el siguiente link para una lista de mis productos favoritos: CarlosFlores.net/socios

eBook. El crear un eBook, o libro electrónico te puede servir para explicar de manera escrita o visual tu producto o servicio. Un libro electrónico puede contener texto, fotografías y gráficas y puede ser distribuido por medio de email, bajarse desde tu página de Internet o ser distribuido en CD o "flash drive". Un eBook puede servir para explicar en detalle lo que tu producto o servicio tiene para ofrecer, o solamente para dar información general y usarse a manera de "gancho", para que tus prospectos llamen o visiten tu negocio. El secreto para publicar un eBook exitoso es reveler los "secretos", "maneras fáciles", "formas rápidas", "acceso gratuito", o "sistema" a tu producto o servicio. A todos nos gusta un poco de misterio, y el presentar un libro electrónico gratuito que revele esos secretos es un excelente imán de prospectos. La mayoría de procesadores de texto como Microsoft Word o Google Docs, ofrecen la opción para guardar archivos en formatos PDF. Lo único que necesitarás para crear un eBook básico es escribir el contenido en tu procesador de texto y guardarlo como archivo PDF para evitar que se pueda modificar su contenido.

Edecanes y modelos. Tener a modelos, ambos mujeres y hombres, como imagen colateral para tu producto o negocio es una excelente idea para elevar el reconocimiento de tu marca. Este método de publicidad, aunque es común muchas veces no se le saca todo el beneficio que puede dar. No se trata solamente de vestir a una mujer u hombre atractivos con prendas promocionales, se trata de entrenarlos y que conozcan de tu producto o servicio, y en el caso de que participen en eventos, se acerquen a las personas, les inviten a probar tu producto o servicio y puedan contestar preguntas.

Carpeta de presentación. El presentar documentos pertinentes a tu producto o servicio en un carpeta de presentación con la información de tu negocio impresa le da un toque de profesionalismo a tu empresa. Este tipo de carpeta no solamente mantendrá esos documentos protegidos, sino que les dará a tus clientes una imagen de solidez y confianza en tu negocio.

Folletos. También conocidos como trípticos. Son una hoja de papel impresa que es doblada en dos o más partes para su fácil almacenamiento y manejo. Los folletos te permiten explicar en detalle a cerca de tu producto, servicio o negocio, quien eres y que es lo que haces. Un buen folleto debe contener:

• Portada: una introducción breve al contenido del folleto.

• Interior: una explicación más extensa de tu negocio, producto o servicio. Puedes incluir la historia de tu negocio, tu biografía, fotografías de tus productos o una explicación de los distintos servicios que ofreces.

• Testimonios. Una sección del folleto para incluir algunos testimonios de clientes.

• Menciones en la prensa. Si tu negocio ha sido mencionado en periodicos, revistas, etc. este es un excelente medio para anunciar los halagos que la prensa he hecho de tu negocio.

• Información de contacto. Números de teléfono, fax, website y links a páginas sociales.

• Llamado de acción. Una sección o frase que anime al cliente o prospecto a contactarte. Puede ser un cupón de descuento, llamar para una cita, visitar tu negocio para una consulta, o una oferta especial.

Lapiceros y artículos de oficina. Si tus clientes son otros negocios, puedes tomar ventaja de la excelente publicidad que puedes recibir de lapiceros, pisapapeles, calendarios, libretas, calculadoras y demás artículos de oficina. Estos artículos te permiten llevar impreso el logotipo, número de teléfono o website de tu negocio en su superficie. Estos artículos son fácilmente portátiles, son duraderos y relativamente económicos. Por ejemplo, un calendario personalizado tal vez pueda costarte entre $3 o $4 cada uno, pero cada calendario le dará publicidad a tu negocio por 365 días directamente en la oficina o casa de tus clientes. A parte, muchos de estos artículos de oficina son pasados de mano en mano, lo que le dará mayor visibilidad a tu negocio. Para una lista de proveedores visita CarlosFlores.net/socios

Magnetos. Los magnetos pueden estar en constante contacto con tus clientes y pueden servir como calendarios o como simples objetos publicitarios que le recuerden a tu cliente cómo y dónde contactarte. De igual manera, los magnetos son efectivos ya que estarán en un lugar visible para tu cliente durante un transcurso de tiempo indefinido.

Material promocional. Este tipo de material lo puedes regalar a tus clientes y prospectos para que se lleven a casa o a su oficina. El material promocional es básicamente cualquier tipo de objeto que puedas regalar con tu logotipo, teléfono, dirección o website impreso. Puede ser desde tazas, llaveros, bolsas, mochilas, hasta condones. Lo ideal es encontrar un producto que tus clientes usen de manera constante. Por ejemplo, si tus clientes son personas de oficina, puedes regalarles tazas para el café. Si tienes un negocio de reparación de autos, lo ideal seria regalarles un llavero a tus clientes. Si ofreces servicios financieros, puedes regalarles una calculadora o una alcancía. Este tipo de material deberá tener impreso algún tipo de descuento u oferta, no solamente quieres regalarle algo a tu cliente, sino que quieres que a raíz de haber recibido algo de tu parte regrese a tu negocio.

Menú de mesa. Si eres restaurantero, no importa que tu restaurante sea elegante, o que tu personal sea amable, o que tus chefs o cocineros sean los mejores de la ciudad. Si tu restaurante no provee un menú que "venda" tus mejores platillos a los comensales, tus ventas están muy por de bajo de lo que pueden llegar a ser. Y es que nada irrita más a un comensal hambriento, que visitar tu restaurante por primera vez, y recibir un menú que se tiene que leer por 5 o 10 minutos para decidir que comer. Si le presentas a tus comensales un menú con demasiada información, terminará ordenando la primer cosa que le venga a la mente. Obviamente tú como restaurantero quieres vender tus mejores platillos, que son generalmente los que hacen regresar a los clientes, y generalmente es el que te deja un mayor margen de ganancias. Un menú que realmente genere ventas debe contar con los siguientes puntos.

• En primer lugar, debe tener fotografías autenticas de tus platillos. Para esto debes contratar a un fotógrafo especializado en comida para que se haga cargo de tomar fotografías profesionales. Tus platillos son tu producto, así que asegúrate de contratar a un profesional, no a un novato ni cometas el error de tomar las fotografías por tu cuenta.

• Lo segundo es que debes elaborar un texto que abra la imaginación del comensal, no solamente un texto descriptivo del platillo. Por ejemplo, si tu mejor platillo es una carne arrachera, en lugar de poner "Carne arrachera, acompañada de frijoles, arroz y ensalada", puedes poner algo similar a "Carne Arrachera. Un exquisito corte de la más fina carne arrachera del estado, bañada en un exquisito adobo (receta secreta de la casa). Este delicioso platillo viene acompañado de frijoles, arroz mexicano y ensalada fresca. Este platillo puede ser bien acompañado con: una orden de cebollitas asadas, una orden de guacamole, una orden de salsas y una agua de horchata". La idea es que la persona se le antoje el platillo, y mientras más caro sea tu platillo, mejor debe ser la descripción. En otras palabras, como dice el dicho popular, "hay que echarle mucha crema a los tacos."

• El último punto es tener menúes a todo color. Los menúes deben ser coloridos para que resalten las fotografías más que la descripción y precios. El menú debe causar que tus comensales quieran ordenar tus mejores platillos antes de leer la descripción y el precio. Esto solamente podrás lograrlo con menús impresos a todo color.

Un menú de mesa que "venda" es una de las mejores inversiones que puedes hacer para tu restaurante. Invierte el tiempo y dinero necesarios. Es una inversión que recuperarás con creces en cuestión de días u horas.

Menú para llevar. Si tu restaurante ofrece servicio de entrega a domicilio o de comprar comida para llevar, es importantísimo que tu restaurante ofrezca menúes para llevar. Las instrucciones para crear un menú para llevar que genere excelentes resultados son las mismas que las indicadas en los menúes de mesa: fotografía profesional, texto descriptivo e impresión a colores. A parte de esto, asegúrate de que tu menú para llevar tenga visible tu dirección (o direcciones) número de teléfono, número de fax, website o email. Si personal de oficina son clientes recurrentes de tu negocio, seria inteligente que tu menú sea diseñado de tal manera que se pueda escribir en el o llenar cuadros para poder pedir una orden por fax o correo electrónico.

Posters. Los posters son un medio masivo y económico de promoción. La manera más efectiva de promocionar tu negocio por medio de posters es distribuyéndolos por área. Si puedes ingeniártelas para tener un poster pegado en cada esquina en unas 20 cuadras al rededor de tu negocio de seguro llamarás la atención de todos los peatones caminando por el área. Otra manera sumamente efectiva es distribuyéndolos en sitios estratégicos, como son lugares donde asisten tus posibles compradores. Crea una alianza con otros negocios de tu industria que no representen una competencia directa y distribuye tus posters directamente en los negocios. De esta manera te asegurarás que los posters no serán removidos y serán vistos por personas calificadas para convertirse en clientes.

Sobres. Los sobres en los que envías todo tipo de documentos deben ser llamativos, ¡los sobres blancos deben quedar en el pasado! Si estás haciendo una campaña publicitaria para prospectar por medio de cartas, el sobre en que envíes tu material hará la diferencia entre que tu carta sea leída o que el sobre termine en la basura sin siquiera haber sido abierto. Existen una infinidad de sobres distintos en los que puedes enviar tu material; de colores, metálicos, de seda, transparentes, en fin. Otra alternativa es usar sobres impresos a todo color con la información de tu negocio. El hacer esto te dará la oportunidad de usar el sobre a manera de volante y puedes promocionar algún producto o servicio. Para una lista de proveedores de sobres visita CarlosFlores.net/socios

Notas adhesivas. Las famosas notas adhesivas pueden ser un método creativo de publicidad. Este tipo de notas adhesivas pueden ser compradas con la imagen de tu negocio impreso en la parte posterior de la nota, pero también puede ser impreso un mensaje o imagen en el cuerpo de la nota, lo que puede ser usado a manera de volante. Por ejemplo, si ofreces servicios de reparación de plomería, puedes usar notas adhesivas con un mensaje impreso que diga "llamar al plomero para que arregle tubería", y por un costado de la nota se imprime tu número de teléfono y dirección. Puedes ir de casa en casa o de auto en auto pegando las notas, al momento que las personas en la necesidad de tus servicios vean la nota, la tomarán y la pegarán en un lugar visible para ellos, para que más tarde en el día puedan llamarte.

Tarjetas de presentación. Las tarjetas de presentación son básicas para todo emprendedor. Tus tarjetas pueden ser usadas de distintas maneras no solamente como una pieza de papel que te identifique a ti o a tu negocio. Las tarjetas de presentación pueden ser usadas como un mini volante, explicando en una o dos líneas tu producto o servicio. Las tarjetas de presentación, como su nombre bien lo dice, son la presentación tuya y de tu negocio. Dicen que solamente tienes una oportunidad para dar una buena impresión, y una tarjeta de presentación precisamente te ayuda a que la imagen que das a tus clientes y prospectos por primera vez sea una imagen de profesionalismo y distinción. Tus tarjetas deben de ser de alta calidad. Existen distintos tipos de tarjetas: impresas a todo color, transparentes, impresas en papel texturizado, impresas con relieves, tarjetas del grosor de una tarjeta de crédito, tarjetas redondas, cuadradas, en forma de estrella, en fin. Es importante que tu tarjeta de presentación represente la calidad de tu producto o servicio y sobre todo, que sea una pieza creativa y única. Invierte en las mejores tarjetas de presentación que puedas comprar.

En mi caso, en este momento uso tarjetas de presentación de plástico transparente. Cada vez que le doy una de mis tarjetas a algún cliente o prospecto, siempre escucho un "wow que linda tarjeta". Curiosamente, esa misma tarjeta termina siempre en manos de 2 o 3 personas distintas, la persona que originalmente recibió la tarjeta termina mostrándola a otras personas, y en muchos casos se interesan en mis servicios y me llaman. Constantemente recibo llamadas de personas que recibieron una de mis tarjetas de manos de personas a quienes ni siquiera conozco. Entonces invierte el tiempo y dinero en crear una tarjeta de presentación única y que valga la pena conservar.

Tus tarjetas de presentación deberás repartirlas en todos lados, de preferencia lugares inesperados tales como lavanderías, la tienda de la esquina, la panadería, o el consultorio médico, etc. Pide autorización para dejar algunas cuantas tarjetas para que las personas que visiten dicho negocio la vean y lleven una a casa. Si la toma es porque está interesada en tu producto o servicio y terminará llamando.

Cada vez que cierres un trato, a tus clientes deberás de darle no una, sino 3 o más tarjetas. Pide a tus clientes que las distribuyan entre sus familiares y amigos, un cliente que verdaderamente te aprecia no dudará en hacerlo. Para más información visita MangoPrinting.com.

Tarjetas rasca y gana. ¿Alguna vez te has preguntado por que los juegos de lotería son tan populares? Por un extraño impulso, algunas personas juegan y apuestan lo que pueden con tal de ganar. Puedes tomar ventaja de este impulso humano y usarlo como herramienta de publicidad. Puedes regalar tarjetas rasca y gana a tus clientes cada vez que visiten tu negocio y hagan una compra. Este tipo de tarjetas te permiten tener escondidos premios de regalo entre todas las tarjetas que distribuyas. Una vez que conozcas quien es el ganador, deberás de publicar en el boletín de tu negocio, por correo directo o correo electrónico el nombre y fotografía del ganador o ganadora. De esta manera recibirás la confianza de tus clientes, no pensarán que era solo un truco publicitario, y lograrás que participen en futuros sorteos o eventos que tu negocio patrocine. Para más información visita MangoPrinting.com.

Tatuajes temporales. Una opción diferente para dar a conocer tu marca. Este tipo de publicidad es efectiva para ser distribuida en eventos, expos, ferias, conciertos y otro tipo de eventos sociales. Los tatuajes temporales te permiten crear un tatuaje con tu logotipo, que posteriormente puede ser borrado con facilidad después de enjuagarse con agua y jabón. Una opción divertida para eventos dedicados a jóvenes o niños.

Volantes. El pasar volantes es una manera fácil, rápida y económica para atraer nuevos clientes a tu negocio. A diferencia de otros tipos de publicidad, un volante bien realizado puede ayudarte a aumentar tus ventas significativamente en cuestión de días. Los volantes son efectivos porque tienen una gran facilidad de entrar en contacto con prospectos: puedes distribuirlos a las personas caminando al rededor de tu negocio, en la calle, en eventos, en otros negocios, en fin. Para que un volante sea efectivo debe de contener ciertos elementos.

• **Encabezado.** El encabezado de tu volante debe ser el mensaje principal que quieres dar a conocer. El encabezado debe de estar impreso en letras grandes, preferentemente de molde para que sea leído fácilmente. El encabezado debe proyectar la idea que estás tratando de vender de manera que llame la atención de la persona que lo reciba y despierte su interés en querer saber más de tu oferta. Por ejemplo si vendes pólizas de seguro, en lugar de usar un encabezado que diga "seguros de calidad a excelentes precios", usa una frase que refleje un beneficio para la persona si decide contratar tus servicios. Por ejemplo "Hoy es el día en que debes proteger el futuro de tu familia".

• ***Elementos gráficos.*** El volante debe contener una o dos fotografías que representen tu producto o servicio. Puedes usar fotografías de personas, pero deben reflejar la apariencia física del mercado al que buscas atraer. Por ejemplo, si tu anuncio está enfocado para atraer a hombres de negocios, entonces deberás usar imágenes que reflejen tanto su apariencia física como sus gustos, tales como autos de lujo, fotografías de empresarios vistiendo buenos trajes, etc.

• ***Descripción breve de tu producto o negocio.*** Describe en unas cuantas líneas lo que tu negocio ofrece y por que la gente debería escogerte a ti en lugar de ir con tu competencia. La descripción debe ser corta pero lo suficientemente descriptiva para que la persona que lea el volante se quede con una impresión de profesionalismo de tu trabajo.

• ***Información de contacto.*** Número de teléfono, fax, celular, website, dirección del negocio, dirección de tu página de internet o dirección de alguna pagina social.

• ***Llamada a tomar acción.*** No es suficiente que la persona lea tu información de contacto, debes invitarle a que tome algún tipo de acción. "Llame hoy para una cita", "escríbanos para un estimado totalmente gratis", "visítenos hoy para una demostración gratuita", son algunos ejemplos de llamados de acción.

Colgadores de puerta. Excelente medio publicitario si ofreces productos o servicios para casas o negocios. El momento ideal para distribuir los colgadores de puerta es durante las primeras horas del día o durante la noche, para que las personas puedan verlos al salir de su casa o al entrar a su negocio. Esta es una excelente arma para publicitar por zonas. Puedes dedicar uno o dos días para distribuir tus colgadores en un área determinada, esperar un par de días para que empiecen a llegar llamadas o visitas a tu negocio, y trabajar con los clientes generados en esa área durante los siguientes días.

Papel membretado. El papel membretado debe ser parte esencial de tu papelería de negocio. El papel membretado le da un toque de seriedad y profesionalismo a tu negocio. Por alguna razón, los negocios que no proveen sus contratos, cartas y demás papelería en papel membretado dan la apariencia de ser un negocio "fantasma", lo que disminuye su credibilidad. El papel membretado debe de llevar en su encabezado el logotipo de tu compañía en la parte superior, debajo la dirección, números de teléfono, fax, correo electrónico y website. Esta información no deberá de tomar más de 1/8 de la superficie de la página. También en la parte del frente puedes poner el logotipo de tu compañía en grande cubriendo la mayor parte de la hoja. El logotipo debe ser difuminado para que sea a penas visible pero notable.

Stands. Los stands son un excelente medio para promover tu producto o servicio en exposiciones, eventos y dentro de tu propio negocio. Un stand debe contener el nombre de tu marca, de tu producto o servicio y una explicación breve de tu producto en no más de 1 o 2 líneas. Los stands pueden cumplir varias funciones; pueden servir como espacio para mostrar tu producto, puede funcionar como oficina portátil donde puedes entrar en contacto con clientes y prospectos, y puede servir como estación de trabajo en eventos. Para un listado de productores de stands visita CarlosFlores.net/socios

ESTRATEGIAS DE VENTAS

Casa abierta. El término en ingles es "open house", y

básicamente el concepto es abrir las puertas de tu negocio para que el público entre y pruebe tus productos o servicios. Por ejemplo, si tienes un salón de banquetes puedes realizar una "casa abierta" invitando a todas las novias que están a punto de casarse a que visiten un sábado temprano tu salón. El salón entonces deberás decorarlo, contratar músicos y proveer aperitivos a tus visitantes para darles una idea de cómo sería su fiesta si optan por tu salón para festejar ahí su boda. Esta técnica también funciona para universidades, propiedades en venta, restaurantes, y otro tipo de negocios.

Colecta tarjetas de presentación. Colecta las tarjetas de presentación de tus clientes y prospectos para crear una base de datos que después podrás utilizar para hacer llamadas, correo directo, correo electrónico o mensajes de texto. Para colectarlas puedes colocar una pecera al lado de la caja registradora y pedir que dejen la tarjeta de presentación para entrar a una rifa o para recibir descuentos y ofertas especiales.

Descuentos. Los descuentos y ofertas han sido el arma secreta de muchas empresas exitosas. Los descuentos son un trato de mutua conveniencia entre tú y tu clientela: compra más y recibe un mejor precio en su compra. Los descuentos pueden presentarse en formas variadas:

• Compra más productos o servicios y recibe un mejor precio.
• Compra antes de X fecha y recibe un mejor precio.
• Compra 2 y recibe 3.
• El cliente número 20 del día no paga.

Es importante que ofrezcas descuentos de manera constante, pero cambiando el producto o servicio de la oferta con regularidad. Así tus clientes y prospectos sabrán que en tu negocio podrán recibir un mejor valor por su dinero y que siempre podrán encontrar productos y servicios a mejores precios que en otros lugares. Los descuentos se deben calendarizar con anticipación. Debes hacer un calendario por los siguientes 3, 6, 9 y 12 meses (dependiendo de la fluctuación de costos en tu industria) y determinar las ofertas que ofrecerás. Deberás hacer énfasis en fechas especiales para promoverlas con más tiempo de anticipación.

La idea de los descuentos es poder ofrecer un ahorro sustancioso en algún producto o servicio, con la idea de que compre otro al precio regular. Por ejemplo, digamos que tienes una cafetería y ofreces 5 distintos tipos de cafés. Puedes ofrecer una taza de café capuchino (que regularmente la ofreces a $ 3) a un precio de $ 1.50 los lunes solamente. Tal vez tu ganancia en la taza de capuchino sea poca o nula, tu cliente entrará por la taza de café, pero si tu y tus empleados están previamente preparados para hacer la venta, tu cliente saldrá con la taza de café, y tal vez un sándwich y unas galletas para el almuerzo. Por favor nota que mencioné que si tu y tus empleados "están previamente preparados para hacer la venta". No se trata de solamente tomar la orden, se trata de recibir a tu cliente con una sonrisa, ofrecerle un "¿que tal buenos días como estás, que te puedo servir?" y si pide el capuchino, preguntar si desea algo más, "¿eso es todo?, te gustaría probar un sándwich de pollo o de atún, o preferirías llevarte unas galletas o una rebanada de pastel, ¡están recién hechos y están riquísimos!".

Si te preparas y preparas a tus empleados a hacer la venta, tus ganancias de seguro aumentarán. Para promover esta oferta puedes poner anuncios en las ventanas de tu negocio, o un anuncio plegable en la calle. Para que esta estrategia sea efectiva necesitas ofrecer una oferta distinta cada día. Por ejemplo, capuchinos con descuento los lunes, sándwiches con descuento los martes, pastel con descuento los miércoles, y así sucesivamente. La idea es que cada vez que un cliente pase por tu negocio vea un anuncio distinto que capte su atención y lo invite a pasar.

Otra idea efectiva es ofrecer descuentos fechados. Por ejemplo, si tienes una tienda de ropa puedes poner pantalones de vestir a un 20% de descuento por todo este mes. Al igual que en el ejemplo anterior, es importante que tú y tus empleados estén preparados para hacerle una venta al cliente, no solamente tomar una orden. Tú o uno de tus empleados pueden recibir a tus clientes en la entrada de tu tienda con una calida sonrisa: "hola buenos días, ¿cómo estas?, ¿vienes por la promoción del 20% en pantalones de vestir? Bien, los pantalones están en aquella sección. También tenemos camisas de vestir que nos acaban de llegar que hacen muy buen juego con los pantalones que tenemos en oferta, y están en aquella sección. Si necesitas ayuda por favor ven a preguntarme, mi nombre es Fulano de Tal (en este momento se le da al cliente una tarjeta de presentación)".

Directorios. Algunos directorios pueden ser una excelente fuente de prospectos para tu negocio. Existen algunos directorios en línea gratuitos, tales como craigslist.com y backpage.com que te permiten hacer llegar tu negocio a cibernautas de manera totalmente gratuita. Otros directorios pagados tales como AngiesList.com son una excelente manera de atraer clientes. Los directorios pagados generalmente son visitados por prospectos que buscan con mayor seriedad la compra de servicios y productos, ya que ellos deben de pagar una membresía para tener acceso. Como ejemplo del poder de este tipo de directorios, una compañía de limpieza comercial tomó la inteligente decisión de listar sus servicios en un directorio en línea especializado en listar compañías de servicios comerciales. Al comenzar su negocio hacían solamente $ 20 000 dólares en ventas anualmente. Después de anunciarse en uno de estos directorios, y de haber invertido un total de $ 20 000 dólares en el transcurso de 24 meses, la empresa logró aumentar sus ventas anuales a $ 120 000 dólares, y esa cifra sigue en crecimiento. Mientras más específico sea el directorio donde te anuncies, mayores serán los resultados que recibas.

Donaciones de dinero. Muchas organizaciones publican en sus boletines y demás material promocional los nombres de las compañías o personas que deciden aportar dinero a su causa. El donar dinero no solamente le dará exposición a tu negocio, al mismo tiempo es posible que te pueda dar beneficios en el pago de impuestos al final del año fiscal (consulta con tu contador para detalles). A muchos empresarios no les gusta hacer públicas este tipo de contribuciones y prefieren permanecer en el anonimato. Si eres uno de ellos, reconsidera salir del anonimato. Otros empresarios al ver que otras personas de buen corazón como tú donan dinero, posiblemente les animará a aportar su granito de arena. Al final de cuentas, ese dinero es para una buena causa que ayudará al progreso de tu comunidad.

Intercambios profesionales. El hacer intercambios con otros emprendedores puede ser una excelente manera de generar prospectos para ti y el otro comerciante. En el caso de mi negocio, he tenido la suerte de conocer personas que me ofrecen su producto o servicio a cambio de un intercambio de productos impresos. Por ejemplo, pude hacer el intercambio de imprimir un material promocional a un promotor de eventos, a cambio del organizar un evento para 150 invitados en un restaurante. Eso le dio exposición a mi negocio con otras personas a las cuales posiblemente no hubiera tenido la oportunidad de conocer de otra manera. Estas personas terminaron convirtiéndose en importantes contactos para mi negocio.

Puedes tomar ventaja de hacer intercambios con otros negocios, ya sea un intercambio de tu producto o servicio o intercambio de publicidad. Establece una buena relación con tu estilista, contador, abogado, dentista o doctor, ellos tienen un constante flujo de gente entrando a sus negocios y pueden ser una excelente fuente de referidos. Ahora que si tú eres estilista, dentista o doctor, entonces busca a otros dueños de negocios cercanos al tuyo y propón un intercambio publicitario. Pueden intercambiar tarjetas de presentación, volates, trípticos, etc. La unión hace la fuerza.

Línea de teléfono, email o número de fax exclusivo para tomar ordenes. Esta es una excelente herramienta que te puede ayudar para retener a tus mejores clientes. El ofrecer a tus mejores clientes, o a tus clientes en general una línea de teléfono, email o numero de fax exclusivo para tomar ordenes les hará sentir especial y que verdaderamente valoras su negocio. El ofrecerles una línea exclusiva les ayudará a tus clientes a no perder el tiempo al momento de hacer sus órdenes, sabrán que simplemente por llamar a tal número, enviar un fax o email, su orden será procesada. Para ti será una excelente manera de llevar un mejor control de las nuevas órdenes, ya que no estarás recibiendo llamadas, faxes ni emails en tus líneas generales.

Opciones de financiamiento. El ofrecer opciones de financiamiento puede ayudarte enormemente a aumentar tus ventas, sobre todo en momentos donde la situación económica del país no es favorable para tus clientes. El ofrecer opciones de financiamiento le ayudará a tus clientes a realizar la compra con más facilidad. Para ofrecer opciones de financiamiento puedes crear un departamento de financiamiento interno en tu compañía, o puedes buscar el apoyo de algún banco local al que puedas referir tus clientes. En esta situación todos salen ganando, tu cliente realiza la compra, el banco obtiene un nuevo cliente, tú obtienes también un nuevo cliente y haces la venta de tu producto o servicio.

Parodia. Las parodias han sido en los últimos años un medio totalmente fuera de lo común pero sumamente efectivo para atraer la atención de las personas. En esencia, el crear una parodia no es otra cosa más que convertirte en actor o actriz (o contratarlos) por unos minutos, ponerte frente a la cámara y crear una parodia de algún evento, persona o situación que esté de moda y que de alguna manera puedas correlacionar con tu producto o servicio. Una vez que has creado el video, se debe "subir" al Internet a alguna página de búsqueda de videos, como youtube. Como el video que has creado es la parodia de un tema de actualidad y habrán muchas personas buscando videos relacionados a ese tema, al momento de que hagan la búsqueda es muy probable que encuentren el video que has creado. Por otro lado, si las personas están buscando un video específicamente con el producto o servicio que ofreces, al buscar dicho video encontrarán tu parodia, y al ver que es algo distinto al resto de los videos les llamará la atención y querrán saber más de tu negocio. Por ejemplo, en los últimos meses ha crecido en popularidad la cantante Lady Gaga, que se caracteriza por usar vestimenta y maquillaje extravagantes. Una chica vendedora de cosméticos, puso un video demostrando como es que usando los productos que ella vende el resto de las chicas pueden obtener el "look" de Lady Gaga. Los videos de esta cantante son buscados con mucha frecuencia en la página de videos de youtube. Esta chica nombró el video algo similar a "Obtén el look de Lady Gaga", por lo que cada vez que alguien busca un video de la cantante, el video de demostración de maquillaje aparece dentro de los primeros resultados. A la fecha el video de esta chica ha recibido más de 12 millones de visitas gratis. Imagínate cuanto tendrías que pagar para hacer llegar un comercial en TV para llegar a 12 millones de personas.

Patrocina músicos. Seguramente tu ciudad está llena de gente joven tratando de abrirse paso en la industria de la música. Puedes hacer un concurso a nivel local para encontrar un cantante o banda musical con talento. El ganador se puede llevar a cabo la grabación de su primer CD. El producir un disco musical es más accesible y fácil que nunca, existe una gran cantidad de estudios de grabación profesional que pueden hacerse cargo de la grabación, edición y producción del disco. No necesitas una firma de discos famosa para producir el CD, también existen compañías que producirán el CD. Después de esto, puedes llevar a tu artista a la fama, a cambio de mientras esté bajo tus alas, mencione tu marca en toda presentación que haga.

Plan de referidos. Todo negocio, sin importar que tipo de negocio sca, necesita tener un buen plan de referidos si es que pretende seguir con sus puertas abiertas durante los siguientes años. No hay publicidad más efectiva que tus mismos clientes. Si ofreces un buen producto o servicio a un buen precio y en general el cliente está contento con la compra, seguramente estará en la mejor disposición de referirte con sus familiares, amigos o colegas. No se trata solamente de ofrecer un buen producto o servicio y esperar a que tu clicnte te refiera, debes de crear un sistema por el cual puedas saber exactamente que porcentaje de tus ventas totales se generan a través de referidos.

El mejor momento para pedir referidos a tus clientes es al momento de cerrar la venta, una vez que tu cliente ha pagado, firmado su documentación y esta listo para despedirse. En este momento es cuando debes pedir los referidos. Debes colectar nombres, números de teléfono o correos electrónicos. Si tu negocio es digamos una tienda de abarrotes, obviamente no pedirás este tipo de información para generar referidos. ¿Entonces que puedes hacer en este tipo de casos? Puedes darle a tus clientes algunos cupones que reparta a sus familiares y amigos. Al momento de pagar le darás algunos cupones y le explicas que son válidos por un descuento en algún producto en tu negocio y que se los estás dando para que los regale a otras personas a quienes quiera ayudar a ahorrar dinero. El hacer esto constantemente te hará una cadena de referidos que no dejara de crecer, al menos que dejes de distribuir los cupones.

Tus clientes antiguos también pueden ser una excelente fuente de referidos. Si cuentas con una cartera de clientes con quienes has tenido una larga relación, ellos pueden generarte una gran cantidad de referidos. Tal vez no lo habían hecho simplemente porque no sabían que tenias un plan de referidos. A este grupo de clientes debes considerar el ofrecer un incentivo más especial que el incentivo que ofrezcas a tus clientes nuevos. El ofrecer un buen incentivo puede ser una manera de mostrar tu gratitud hacia este grupo de clientes. Al pedir referidos a tus clientes debes expresarles exactamente que tipo de personas te gustaría que te recomendara: hombres o mujeres, dueños de casa o inquilinos, dueños de negocio o estudiantes, etc. Al expresarle que tipo de clientela estás buscando atender te referirán a prospectos mejor calificados para tu negocio.

Para que tu plan de referidos sea exitoso es importantísimo que hagas que tus clientes QUIERAN referirte. Para que tus clientes quieran referirte deben de tener un incentivo para hacerlo. Aunque muchos de tus clientes referirán personas a tu negocio de buena fe, algunos otros requerirán un empujoncito que se le puede dar por medio de un incentivo. Los incentivos pueden ser para el cliente que refiere o para el referido. Algunos ejemplos de incentivos son: un descuento en la siguiente compra, recibir un mes gratis de tu servicio, ofrecer dinero en efectivo (si es legal para tu industria), entrar a un sorteo o recibir un regalo, etc. El crear un incentivo para tus clientes te ayudará a elevar el número de referidos que recibirás, si no ofreces un incentivo, tus clientes tal vez te dirán algo similar a "si encuentro alguien interesado en tu producto o servicio le paso tu teléfono".

Como punto final debes asegurarte de crear un sistema para dar seguimiento a tus referidos. No te servirá de mucho el recibir cientos de referidos si al final no le das seguimiento para cerrar una venta con ellos. Asegúrate que todos los referidos son capturados en tu base de datos y crea un registro completo de las interacciones y cosas que se deben hacer a futuro con tus clientes y referidos tales como hacer llamadas, visitas, enviar cartas, etc. Para continuar el ciclo del sistema de referidos, debes asegurarte de recibir más referidos de tus referidos. Esto te llevará a crear una relación duradera y rentable con tus clientes y un ciclo de ventas que nunca termina.

Publica tu propia revista. Crea una revista para tu comunidad o para tu industria. Aunque el internet hace mucho más fácil el acceso a todo tipo de información, las revistas siguen siendo un medio de publicidad y de comunicación que cuenta con una alta credibilidad. Puedes publicar una revista que abarque temas relacionados a los intereses de tus clientes, de tu comunidad o de tu industria. La revista deberá tener la publicidad de tu negocio como imagen secundaria, y tu nombre como el publicista de la revista. Esto te dará una imagen de distinción y profesionalismo que rara vez se consigue con otro medio publicitario.

Para crear tu propia revista deberás contratar un diseñador

gráfico o agencia de diseño que se encargue de darle vida a la publicación para después enviarla a una imprenta comercial que se encargue de su producción. En el caso de mi negocio, hemos tenido la oportunidad de darle vida a varias revistas, desde la creación de su logotipo, diseño, hasta su impresión y distribución. Para detalles visita MangoPrinting.com.

Como alternativa, puedes crear una revista electrónica, que puede ser enviada por correo electrónico en lugar de distribuirse en forma física. Si colectas los correos electrónicos de clientes y prospectos, puedes lanzar una revista electrónica en cuestión de horas.

Solo recuerda que el fin de una revista es informar y proveer información de relevancia e interés para el lector, así que no satures tu revista de publicidad propia.

Publicidad en medios que no son de tu idioma. Si tu negocio está localizado en un área con amplia variedad étnica, deberás considerar hacer publicidad en otros idiomas. Por naturaleza, las personas nos vemos más atraídas a los mensajes que están escritos o hablados en nuestra lengua de cuna. Puedes contratar a un traductor independiente que por una cantidad módica, traducirá tu mensaje o te puede ayudar a redactar un mensaje que atraiga poderosamente la atención de tus clientes o prospectos cuya lengua sea otra distinta a la tuya.

Regala productos o servicios. Si tienes algunas cosas en tu oficina que ya no usas, regálalas a la comunidad. Distribuye volantes, posters o pon a andar cualquiera de las otras estrategias aquí descritas para que tu comunidad sepa que tu negocio estará regalando algunas de sus pertenencias. Puedes hacerlo a manera de concurso, puedes pedir a las personas que entren a tu página web y se inscriban para ganar.

Por ejemplo, si estás en la necesidad de nuevo equipo de computación para tu negocio, en lugar de vender tu equipo antiguo regálalo. Distribuye panfletos o boletines en las escuelas, iglesias y centros comunitarios pidiéndoles a las personas que escriban una carta explicando por que le gustaría recibir la computadora. Las personas regarán la voz como pólvora y te generará una excelente publicidad totalmente gratuita al mismo tiempo que ayudas a tu comunidad. No solamente regales cosas usadas, regala tus productos o servicios de la misma manera. Se caritativo y al dar, tu comunidad se encargará de promover tu negocio.

Posiciona estratégicamente tus productos. Si vas al super mercado a comprar leche y huevos, te darás cuenta que en la gran mayoría de los casos, el departamento de lácteos está precisamente hasta el fondo de la tienda. ¿Crees que es por casualidad? Claro que no. En este caso, la leche y huevos son en muchos casos los productos de mayor venta en super mercados. Entonces lo que sucede si estos productos están lo más lejos posible de la puerta de entrada de la localidad, es que cada persona que entre tendrá que caminar hasta el fondo, y muy posiblemente verán otros productos que tal vez no necesitaban, y ¡bingo!, comprarán.

Analiza como están distribuidos tus productos en tu local. Tus productos más vendidos o de mayor necesidad deben estar localizados lo más lejos posible de la entrada o entradas, para darle la oportunidad a cada visitante de dar un vistazo al resto de tu inventario.

Renta una pared. Contacta al dueño de alguna casa o negocio cercano al tuyo que esté ubicado en una esquina o que tenga una pared lo suficientemente grande para colocar una pancarta. Si el espacio no está siendo utilizado y le puede generar un ingreso extra al dueño de la propiedad tienes muchas posibilidades de poder rentarlo. El tener pancartas colocadas estratégicamente al rededor de tu negocio puede generar una gran cantidad de tráfico que se puede convertir en ventas. Asegúrate que la pancarta o lona es grande, con letras leíbles y a todo color. Una pancarta impresa digitalmente hará maravillas para tu negocio. Asegúrate de contar con los permisos pertinentes si es que tu ciudad los requiere.

Se parte de una organización relacionada a tu negocio. No solamente seas parte, participa en los eventos, conferencias y talleres de organizaciones relacionadas a tu industria. Este tipo de organizaciones te proveerán con información reciente referente a tu industria, te guiarán para obtener recursos de utilidad para tu negocio, y lo mejor de todo, tendrás la oportunidad de relacionarte con personas a las que puedes convertir en clientes, o que te pueden abrir las puertas a más clientes.

Servicios gratuitos como complemento. Las personas tienden a ser fieles de por vida a los negocios que les ofrecen productos o servicios gratuitos a manera de complemento. Esto es un buen servicio o producto adicional, solamente por haber hecho una compra. Por ejemplo, si tienes una tienda de ropa, ofrece una consulta de imagen gratuita a tus clientes. Puedes ofrecerles la oportunidad de pasar 10 minutos con un experto en modas y buena imagen (tú o alguno de tus empleados) de manera gratuita. En esta consulta, le darás la oportunidad al cliente que pruebe distintos tipos de prendas, y tú le guiarás para que compre lo que es más acorde a su fisonomía, personalidad y necesidades. Tus clientes quedarán encantados con este servicio, simplemente porque la enorme mayoría de tiendas de ropa jamás pensaron en ofrecerlo, y a parte, lo haces de manera gratuita. En realidad, este servicio "gratis" que estás ofreciendo, no es otra cosa más que regalarle la oportunidad de hacerle una venta personalizada al cliente.

Analiza tu negocio y piensa en un producto o servicio gratuito que puedas agregar a las ventas en general. Recuerda que los negocios que se diferencian por ofrecer este tipo de atención a sus clientes son los que permanecen en el gusto de sus clientes y los que logran prosperar.

Telemercadeo. El telemercadeo, o "telemarketing" es una de las estrategias más antiguas para conseguir clientes. Aunque es cierto que no funciona para todo negocio, es un arma que muchos otros negocios usan de manera efectiva y que les trae grandes ganancias. El telemercadeo, para ser efectivo requiere de preparación, al igual que una venta en persona. El telemercadeo también requiere de un guión a seguir. El guión no debe de ser memorizado o leído, pero debe de ser practicado lo suficiente para que suene natural y la charla sea rápida y amena. Un representante de telemercadeo que no tiene preparado un guión, lo único que conseguirá será gente colgando el teléfono y con esto una enorme frustración.

Para preparar un buen guión de telemercadeo, primero debes de tener bien en claro cual es el objetivo de la llamada. Si buscas hacer una cita con un prospecto para hacer una presentación de tu producto o servicio, debes evitar dar demasiada información o tratar de vender el producto o servicio por teléfono. Basta con que te presentes, digas el nombre de la compañía que representas y cual es el objetivo de la llamada. No es necesario tratar de hacer que la persona acepte hacer una cita contigo por medio de algún "truco", basta con ser amable, ir al punto del motivo de tu llamada y hacer la cita, nada más. Si haces citas tratando de engañar a las personas haciéndolas creer que la verdadera razón de tu llamada es otra, lo único que conseguirás serán personas que te tratarán de mala gana y te tacharán de chantajista y mentiroso. Ten un guión, practícalo, se amable, breve y haz la cita, así de simple.

Todas las llamadas realizadas deberán de llevar un registro en tu base de datos de clientes y prospectos. Al llevar un registro podrás saber con exactitud cual es el porcentaje de llamadas que se convierten eventualmente en ventas.

Si tu negocio está ubicado en los Estados Unidos, debes considerar la existencia de la "Do-not-call list", donde negocios y personas que no desean recibir llamadas de telemercadeo se registran. Antes de comenzar una campaña de telemercadeo, deberás verificar que la persona o negocio que quieres contactar no está registrada en tal lista visitando la página https://telemarketing.donotcall.gov. Por otro lado, puedes comprar bases de datos con la información de personas que no están inscritas en esta lista. Para detalles visita CarlosFlores.net/socios. Si vives fuera de los Estados Unidos, verifica con tu abogado si una ley similar existe en tu país o estado. Puedes comprar listas de prospectos que no están listados en la lista de "Do-not-call". Existen compañías que por un precio módico te proporcionarán esta información. Para más detalles visita CarlosFlores.net/socios.

Testimonios. El tener una lista de testimonios y presentarlo a tus clientes es una excelente manera de crear credibilidad instantánea, sobre todo si el prospecto no ha escuchado antes a cerca de ti o de tu negocio. Pide a tus mejores clientes que te hagan una carta de recomendación, los clientes que aprecien tu trabajo, tu servicio y tus productos no dudarán en hacerlo. Colecta la mayor cantidad de testimonios posibles, escoge los mejores 10, edítalos de tal manera que no tome más de 2 frases para leerse por completo, e inclúyelos en todo el material publicitario que puedas: volantes, trípticos, catálogos, comerciales de radio, TV y anuncios en medios impresos. Los prospectos hoy en día están más preparados para tomar una mejor decisión de compra, y el presentar una lista de testimonios reales les hará saber que están tratando con un verdadero experto y no con un aprendíz.

Viaja a otra ciudad y ve como trabajan. En mi última visita a mi restaurante italiano favorito, me sorprendió enterarme que los chefs y algunos cocineros viajan hasta Italia para ser entrenados y conocer cómo es que se cocina la autentica comida italiana. No me sorprende que esta cadena de restaurantes tenga tanto éxito, cualquier negocio que invierte de esta manera en sus empleados tiene el éxito asegurado. Puedes hacer un viaje a otra ciudad para visitar otros negocios de tu misma industria y darte cuenta como es que se trabaja en otros lugares del país. No se trata de ir a robar ideas, esto a parte de ser ilegal es poco ético. Se trata de poder ver tu propio negocio desde otro ángulo, y al ver tus puntos débiles y fuertes en comparación con otros negocios podrás ver donde puedes hacer ajustes que te ayuden a mejorarlo.

Video folleto. Puedes crear un video que tenga el mismo propósito de un folleto impreso: explicar a detalle tu producto o servicio. Este video puede ser distribuido en DVD, ser puesto en tu página de internet o en un sitio de videos como youtube.com o viddler.com. El video folleto debe llevar el mismo formato que un folleto impreso: primero una introducción de tu compañía, después la presentación detallada de tu producto o servicio, y al final un llamado de acción que motive al espectador a tomar acción: tomar el teléfono y marcar, ir a tu pagina de internet, o visitar tu negocio.

Ofertas de último momento. Una vez que tu cliente ha hecho la compra, ofrece una oferta de último minuto. Esta oferta puede ser un producto o servicio como complemento del producto original que compró. Si el cliente ya ha puesto la confianza en tu negocio para comprar, invítale a que extienda su compra. Se trata de ayudar al cliente, no solamente de venderle. Si tratas de forzarle a hacer la compra de algo que en realidad no necesita, pones en riesgo la primer venta.

Esta estrategia te puede ayudar a incrementar significativamente tus ventas, pero tú y tu equipo deben estar preparados para lanzar la flecha en el momento correcto. Este tipo de ofertas pueden ser garantías, artículos adicionales, mantenimiento del producto, inspecciones, etc.

Publicidad en red con otros negocios. Establece relación con otros negocios que puedan ofrecer tus servicios o productos como complementos a sus clientes. Esta es una excelente manera de crear una red y crear nuevas afiliaciones con otros empresarios. Por ejemplo, si tu negocio es un Spa, puedes ofrecer a algún banco en la ciudad que ofrezca un masaje gratis a todas las personas que abran una nueva cuenta de cheques. Al momento que el cliente del banco abra la cuenta, recibirán una tarjeta o vale de regalo (que tu le habrás vendido al banco) intercambiable por un masaje. En este caso tanto tu negocio como el banco salen ganando, el banco incentiva a las personas para que abran nuevas cuentas y tú ganas nuevos clientes.

Ofertas selectivas. El ofrecer ofertas selectivas te puede ayudar enormemente a atraer grandes cantidades de clientes instantáneamente, especialmente si buscas atraer a un tipo de clientela en específico. Por ejemplo, si tu negocio es cercano a una escuela, puedes colgar una pancarta grande fuera de tu negocio que diga "15% de descuento a estudiantes que presenten su identificación escolar". Esto de seguro, hará de tu negocio el lugar preferido de los estudiantes del área para comprar el producto o servicio que tu negocio ofrece. Algunos otros ejemplos son "15 % de descuento a policías presentando su identificación", "10% de descuento a camioneros presentando su tarjeta de presentación". Piensa en un grupo específico de personas a las que te gustaría atraer, y piensa una oferta que puedas ofrecer exclusivamente a ellos y tus ventas aumentarán significativamente en cuestión de días.

Cámara fotográfica o de video. Siempre ten a la mano una cámara fotográfica o de video en tu negocio. Si tu negocio es visitado frecuentemente por celebridades, pide tomarles una fotografía o pide que te den un testimonio o saludo en video. Las fotografías puedes imprimirlas y enmarcarlas para ponerlas en una pared de tu negocio, o puedes subirlas a tu página de internet o redes sociales para que los cibernautas las vean. Mejor aún, si logras captarlos en video, súbelo a tu página de internet y publícalo en tus redes sociales. La gente siente curiosidad de visitar lugares que son frecuentados por celebridades, si logras capturarlos en foto o video, las personas tendrán curiosidad de visitar tu negocio.

También es buena idea tomar fotografías o videos frecuentes de tus clientes. Estas fotografías igualmente puedes subirlas a tu website o compartirlas en las redes sociales para que sus familiares y amigos las vean. Estas fotografías deberán tener el logotipo, website, o número de telefono en una de las esquinas de la página.

Ofertas de tiempo limitado. Cada vez que vas a una tienda departamental ves este tipo de ofertas por todos lados. ¿Por qué? Simplemente porque dan resultados. Las personas tenemos un impulso a comprar cuando percibimos que un producto o servicio que necesitamos o que nos gusta no estará toda la vida en venta con un precio especial. Tu negocio no tiene que ser una tienda departamental, usa tu creatividad y usa ofertas por tiempo limitado.

Garantías. Nadie quiere comprar un producto o servicio que unos días o semanas después de haberse adquirido deja de funcionar. Sin embargo, son pocos los negocios que usan a su favor esta necesidad de todo cliente. Existen varios tipos de garantías que puedes ofrecer: "resultados garantizados o la devolución de su dinero", "instalamos en menos de 1 día o es gratis", "el mejor XYZ que ha comprado o no lo paga". Al ofrecer una garantía le das un sentido de confianza a tu cliente para que compre, sabiendo que si el producto o servicio no resulta en lo esperado, estarás ahí para resolver el problema.

PUBLICIDAD POR CORREO DIRECTO

Una estrategia que es altamente efectiva para atraer prospectos es la publicidad por correo directo. Aunque aún no es un arma muy usada por pequeños negocios, puede hacer magia para el tuyo si la usas de la manera correcta. El correo directo te permite ofrecer tus productos y servicios a personas con un perfíl específico, lo que te da más oportunidades de lograr que dichos prospectos se conviertan en tus clientes.

Crea una base de datos de clientes y prospectos. El tener una base de datos de tus clientes y usarla para tus estrategias de correo directo te permite estar en constante contacto con tus clientes actuales, hacerlos que regresen a tu negocio de manera constante y lograr que refieran a sus familiares y amigos. Para crear una base de datos existen varias opciones.

• Si tienes un negocio que procesa tarjetas de crédito, tu

compañía procesadora de cobros al final del mes te puede proporcionar una lista con el nombre y la dirección de los clientes que usaron la tarjeta de crédito para pagar. Esta lista más tarde la puedes importar en tu programa de manejo de clientes (CRM), o bien la puedes importar en una hoja de cálculo como Microsoft Excel. Una vez que tengas esta información la puedes utilizar para imprimir etiquetas, cartas, volantes o trípticos con la información impresa de tus clientes. Sin embargo, si la cantidad que vas a imprimir excede las 250 piezas, lo recomendable sería usar los servicios de una imprenta comercial que ofrezca servicios de correo directo. El usar una imprenta comercial te ahorrará dinero y una tremenda cantidad de tiempo. La imprenta se hará cargo de poner las estampillas de manera electrónica, imprimirán los nombres de tus prospectos directamente en la pieza de correo, y una vez terminado el proceso de impresión, pondrán las piezas en el correo. A parte el manejar una base de datos extensa puede ser un desastre si no tienes experiencia manejando este tipo de información. Lo ideal es dejar el trabajo a los expertos para que el proceso se haga de la manera más rápida y profesional, y para que tú puedas enfocarte en tu negocio.

• Otra estrategia es utilizar tu website para obtener la dirección de tus clientes. Dentro de tu website puedes crear una página en la que los visitantes se puedan registrar para recibir promociones especiales o productos gratis. Este sistema crea automáticamente una base de datos de tus prospectos que más tarde puedes usar conforme lo necesites.

• La opción más básica si es que no tienes un website (y ahora te darás cuenta del enorme valor que un website tiene para tu negocio) es pedirle a tus clientes que anoten su nombre o dirección en alguna forma escrita. De igual manera les puedes pedir esta información a cambio de darles descuentos o productos gratis.

• Si tienes un negocio donde asisten profesionistas y empresarios, pon una pecera vacía en la recepción y pide que dejen una tarjeta de presentación para entrar a una rifa. Te sorprenderá al final del mes cuanta gente dejará su tarjeta para tu base de datos.

Atrae prospectos. Ahora que si lo que quieres es atraer la atención de prospectos que aún no conocen de tu negocio, el primer paso es perfilar y determinar a que tipo de prospectos quieres llegar: negocios o personas individuales, hombres o mujeres (o ambos), dueños de casa o inquilinos, tienen buen o mal crédito, tienen un alto o bajo ingreso, y en que áreas postales de la ciudad viven.

Si lo que buscas es prospectar negocios, debes definir cuantos empleados deben tener esos negocios, cuales son sus ventas anuales, tienen otras localidades en otras ciudades o son negocios locales. El primer paso es determinar a la gente que quieres llegar, de esta manera tendrás un perfíl más preciso de los prospectos a los que atraerás.

Como conseguir información. Existen compañías que ofrecen bases de datos de personas y negocios a nivel local, estatal y nacional. Estas compañías te proporcionan la información de las personas que buscas basada en el perfíl que hagas. Algunos de estos servicios los puedes encontrar en CarlosFlores.net/socios

Diseño de la pieza de correo.
• El primer paso antes de comenzar a trabajar en el diseño de tu pieza es asegurarte que tu negocio tiene una identidad corporativa bien definida (logotipo, elementos visuales, colores, fuentes y eslogan). Si no tienes una imagen corpo-

rativa para tu negocio, contrata a un diseñador profesional para que haga el trabajo. Recuerda que la imagen de tu negocio es muchas veces lo primero que tus prospectos verán para saber a cerca de tu negocio y debes asegurarte que la primer impresión que tus prospectos reciben de tu negocio es de profesionalismo y confianza. Si tu negocio no tiene una identidad corporativa bien definida, las posibilidades de que tu estrategia de correo sea efectiva disminuyen.

• Define el mensaje. El producto o servicio que quieres promover debe de ser explicado de manera simple, sencilla y rápida dc tal manera que las personas a quienes llegue el material entiendan en un par de segundos de que se trata tu oferta. Recuerda usar pocas palabras para que tu mensaje sea corto, conciso y fácil de entender. Aunque tu negocio tenga muchas cosas buenas para ofrecer, el llenar tu pieza de correo con demasiada información terminará asustando y confundiendo a tus prospectos.

• El frente de tu pieza debe contener el mensaje principal y tal vez una o dos imágenes que proyecten el mensaje que quieres dar. Si no tienes fotografías de tus productos o servicios, puedes utilizar servicios en línea donde puedes rentar el uso de imágenes para tu pieza (visita CarlosFlores.net/ socios). Recuerda, la parte frontal debe decir mucho, con la menor cantidad de letras e información posible.

• En la parte trasera de tu pieza puedes incluir más detalles del producto o servicio que ofreces, de igual manera sin saturar de información la pieza. En esta parte puedes incluir cupones de descuento y ofertas especiales. Asegúrate de incluír números de teléfono, dirección de tu negocio, página de Internet, correo electrónico, etc. Asegúrate de dejar la mitad de la parte de atrás totalmente en blanco ya que esta parte será utilizada para la impresión de la dirección y nombre de tu prospecto y pegar la estampilla de correo.

Rastrea resultados. Para asegurarte que podrás rastrear los resultados de tu inversión debes de establecer un sistema para dicho propósito. Hay distintas maneras de hacerlo para que sepas cual es la ganancia que te generará esta inversión.

• Número de teléfono. Para rastrear las llamadas recibidas puedes contratar un número de teléfono exclusivo para rastrearlas. Puedes utilizar servicios en línea que por un bajo costo, te proveen un número de telefono virtual que te permite llevar un registro de cada llamada y enviarla a tu línea de telefono principal. El usar este tipo de servicios te permite saber que cantidad de llamadas recibiste, de cuales números de telefono recibiste esas llamadas y a la vez funciona como un correo de voz si no contestas.

• Llama y pregunta por... ¿Alguna vez has llamado a una compañía por una oferta especial, pero para recibirla debes de hablar con Maria? Bueno, si te ha tocado existe la posibilidad de que la tal Maria no exista. Esta es una estrategia muy efectiva usada por compañías para rastrear las llamadas. Puedes usar esta estrategia si le pides a tus prospectos llamar a tu número de teléfono general y preguntar por Fulano o Fulana de tal. De esta manera puedes contar al final del mes las llamadas recibidas.

• Cupón. Puedes ofrecer en tu pieza de correo un cupón que sea válido solo si la persona lleva dicho cupón a tu tienda al momento de hacer la compra. Si cuentas con una tienda en internet, pueden utilizar el código del cupón al momento de hacer el pago en línea. De esta manera al final del mes cuentas todos los cupones que fueron canjeados.

• URL. Puedes agregar una página como extensión a tu

website donde puedan hacer válida la oferta (o ver más ofertas) e insertando Google Analytics a dicha página para determinar cuantos clicks ha generado tu pieza de correo. Por ejemplo, si la página principal de tu website es www.Mi-Website.com, puedes crear un www.MiWebsite.com/ofertas y rastrear el número de clicks recibidos en esa página.

• Si usas sobres para tu campaña de correo directo, estos deben llamar la atención del destinatario. Puedes usar sobres en colores llamativos, sobres en papel metálico, sobres a todo color o simplemente un sobre totalmente en blanco que no tenga la dirección o ningún tipo de información a cerca de tu negocio.

• Antes de comenzar tu campaña de correo directo contacta a tu oficina de correos local y pregunta a cerca de descuentos para enviar correos en masa, generalmente disponibles para negocios e instituciones sin fines de lucro.

MERCADEO EN INTERNET

Crea un blog. Un blog te permite compartir noticias e ideas a cerca de tu producto o servicio con los internautas. El concepto de "blog" es básicamente como tener un diario personal. La diferencia es que este diario en lugar de ser para escribir cosas personales, su función es para escribir temas referentes a tu negocio o industria. En lugar de ser escrito en una libreta, es escrito en el internet, y en lugar de ser privado, es público para ser leído por otras personas en búsqueda de información referente a tu negocio, y al estar en el internet, será también leído por motores de búsqueda como yahoo y google.

Al tener un blog, cada vez que alguien busque contenido relacionado con la información que has escrito, tu "post" aparecerá listado en las páginas de búsqueda, como google o yahoo. Algunas plataformas que puedes utilizar para tu blog de manera gratuita son blogger.com, blogspot.com y wordpress.com. Algunas plataformas pagadas las puedes encontrar en CarlosFlores.net/socios. Estas te permiten usar tu propio nombre de dominio por una cuota mensual. También existen plataformas que puedes bajar de manera gratuita e instalarlas en tu website como son wordpress.org y joomla.com (conocimiento medio-avanzado de creación de paginas web y bases de datos MySQL es necesario, contacta a tu desarrollador web o servicio de hospedaje para detalles). Cualquiera que sea la plataforma que uses, tu blog debe contener tu información profesional y de contacto para que personas interesadas en tu negocio puedan contactarte.

Email. El tener una dirección de correo electrónico con un nombre de dominio propio (tuemail@tucompania.com) en lugar de usar un servicio gratuito, tal como yahoo, hotmail, gmail etc. le dará un toque de profesionalismo a tu negocio y generará trafico para tu página de Internet. Los servicios gratuitos de correo electrónico son excelentes servicios para usarlos con fines personales, pero nunca para fines profesionales. Constantemente recibo tarjetas de presentación de vendedores inexpertos que pretenden venderme sus productos y servicios o enrolarme en toda clase de compañías multinivel. No deja de impresionarme (y causarme risa) que muchas de estas personas usan su correo electrónico personal para fines de negocios. Algunos de esos emails suelen sonar como: soytugatita@yahoo.com, elgranvaron@gmail.com, cumbianchero@yahoo.com, mimihermosa@hotmail.com. O algunos de esos emails toman forma de claves que nadie puede recordar, algo como: thnkjkh2002@msn.com, elmemiux2000o9p@yahoo.com, 90897jf_vhm@gmail.com. Personalmente, cada vez que me dan una tarjeta de "negocios" con un correo electrónico similar, la corto en cuadritos y va a parar al bote de la basura. El no tener un correo electrónico exclusivo para negocios demuestra la falta de solidez que un individuo o compañía tiene en sus operaciones, a parte de darle una imagen de poca credibilidad al negocio y a los productos y servicios que ofrece.

¿Cómo puedes hacerte llamar el mejor en tu industria si no tienes un correo electrónico profesional? Para tener un correo electrónico profesional primero debes comprar el nombre de dominio en Internet para tu negocio. Al momento de crear tu correo electrónico, recuerda que debe ser fácil de recordar, no es una clave secreta. Para comprar un nombre de dominio visita CarlosFlores.net/socios para tener acceso a mi lista de proveedores. Al momento de comprar tu nombre de dominio, el proveedor te preguntará si necesitas un paquete de correo electrónico. El servicio básico generalmente es gratuito con la compra de tu orden, si necesitas un paquete que incluya direcciones de correo para todo tu personal, podrás comprarlo pagando una suma módica por cada cuenta de correo electrónico que solicites.

Firma de correo electrónico. La firma de tu correo electrónico puede ser una excelente arma de ventas. Una firma de correo electrónico generalmente incluye: tu nombre, titulo, correo electrónico, números de teléfono y fax, dirección de tu negocio y website. Una firma de correo electrónico que es un arma de ventas, incluye todo lo anterior, mas a parte: tus links a paginas sociales (facebook, twitter, linkedin, youtube, etc), tu fotografía, un link dentro de tu website donde puedan hacer compras y una breve descripción de la oferta del mes, de la semana o del día. De esta manera no solamente tus contactos sabrán como contactarte, sino que les darás la oportunidad de estar en constante interacción con tu negocio por medio de tus páginas sociales y sabrán las ofertas que ofreces en tu website. Algunos programas de correo electrónico, tales como Microsoft Outlook y Mozilla Thunderbird te permiten usar firmas con código HTML incluido. Este código es lo que te permitirá incluir imágenes dentro de tu firma. Si no cuentas con Microsoft Outlook, puedes descargar Mozilla Thunderbird de manera gratuita en mozillamessaging.com. Si no estas familiarizado con el uso de código HTML, contacta a tu desarrollador web.

Lista de correo electrónico. Hoy en día, la gran mayoría de las personas de negocios tienen acceso a una computadora, y con esto al correo electrónico. El tener una lista de tus clientes para hacerles llegar correos electrónicos a cerca de tus productos o servicios mantendrá a tus clientes al tanto de nuevas ofertas y promociones de tu negocio, y es también una excelente manera de hacer llegar boletines de noticias referentes a tu industria o a la industria de tus clientes. El primer paso para crear una lista de correo electrónico es crear una base de datos de tus clientes. Una vez que tienes establecida tu base de datos, debes contratar un servicio especializado de envío de correo electrónico en masa. Por ningún motivo cometas el error de enviar correos en masa desde tu cuenta de email personal o de negocio, si lo haces lo único que conseguirás es ser bloqueado por el sistema de filtros de las personas a quien les envíes correos, o en el peor de los casos, conseguirás que cancelen tu cuenta de correo por ser usada para fines de "spam" o correo no deseado. Puedes ver la lista de proveedores de este tipo de servicios en la siguiente página CarlosFlores.net/socios

Mensajes de texto. La publicidad por medio de mensajes de texto enviados a teléfonos celulares es una tecnología que está en plena expansión y será un excelente medio publicitario durante los siguientes años. La popularidad de los teléfonos celulares ha crecido en la ultima década y ahora son mucho más económicos que durante los primeros años de su introducción en el mercado. Ahora todo mundo tiene celulares, no solamente ejecutivos, sino amas de casa, estudiantes universitarios, abogados hasta estudiantes de escuela secundaria. Muy posiblemente una gran mayoría de tus clientes y prospectos cuentan con uno o más teléfonos de celular para su uso diario.

Para enviar mensajes de texto en masa existen dos opciones, ambas requieren de contratar un servicio especializado en envío de mensajes de texto.

• Mensajes a contactos en tu base de datos. Si colectas el número de teléfono celular de tus clientes y prospectos en tu base de datos, puedes exportar sus números e importarlos para usarlos en cualquiera de los siguientes servicios. Para una lista de proveedores de este servicio visita: CarlosFlores.net/socios

• Crear una base de datos exclusiva para mensajes de texto. Esta opción le permite a tus clientes y prospectos agregar por sí mismos su número de teléfono celular a una lista de mensajes de texto. Por ejemplo, puedes pedirle a tus clientes que manden la palabra "tunegocio" al numero "999999" y automáticamente recibirán mensajes de texto promocionales de tu negocio. Es un sistema similar al correo electrónico en masa. Cada vez que necesites mandar un mensaje de texto, el sistema le enviará dicho mensaje a todas las personas que se registren en tu lista. Por ejemplo, una vez que contrates este servicio, puedes poner una pancarta fuera de tu negocio que lea "¡Recibe un XYZ (tu producto o servicio) gratis! envía la palabra XYZ al número 123456 para participar". En cuestión de horas colectarás la información de centenares de personas interesadas en tu producto o servicio.

Para una lista de proveedores de este servicio visita:

CarlosFlores.net/socios

Página en Internet. Hoy en día, el tener una página de Internet para tu negocio es tan esencial como tener una puerta por donde puedan entrar los clientes a tu negocio. Lo mejor de todo, es que ya no se necesita de tener de una computadora para tener acceso al Internet. Un gran porcentaje de usuarios de teléfonos celulares cuentan con el servicio de Internet integrado en su teléfono, el cual es utilizado con frecuencia para buscar nuevos negocios locales y realizar compras en línea. El tener una página en Internet puede traer a tu negocio a miles de personas, si tu página está bien elaborada y sobre todo, si tienes una estrategia para lograr dicho objetivo. El crear una página de Internet es hoy en día más accesible, fácil y rápido que nunca. Existen tecnologías que pueden ayudarte a tener una página espectacular funcionando en cuestión de un par de horas, no en un par de semanas o de meses. El tema de creación y mercadeo de páginas de Internet es demasiado amplio que se requerirá de otro libro para explicar a detalle como el mundo del Internet puede ayudar a tu negocio. Para más detalles visita CarlosFlores.net

Podcast. El Internet ha hecho que ya no se necesite de una estación de radio para tener tu propio programa auditivo. De hecho, ahora puedes tener tu propio programa radial y no solamente llegar a personas dentro de tu ciudad, sino alcanzar los oídos de personas al rededor del mundo. Y lo mejor de esto, es que esta tecnología es totalmente gratis. Esta tecnología es llamada "Podcast". El crear un podcast le permite a tus clientes, prospectos y desconocidos saber a cerca de tu producto o servicio mientras navegan el Internet. Puedes crear un programa a cerca de noticias relacionadas con tu industria o la industria de tus clientes, conseguir algunos patrocinadores pero sin dejar de hacer de tu negocio el patrocinador principal.

Para crear un podcast necesitas seguir 3 pasos: grabar tu programa en audio, subir el audio a una página para distribución gratuita de audio, y atraer personas para que escuchen tu programa.

Para grabar tu show no necesitas de equipo costoso, hoy en día la mayoría de las computadoras cuentan con bocinas, y entrada para audífonos y micrófono. Lo único que necesitas, en caso de que tu computadora no cuente con un micrófono, es comprar un micrófono externo que puedes conseguir en el siguiente link: CarlosFlores.net/socios

Para editar tu pieza de audio requerirás de software para edición de audio. Una vez que has creado tu programa, necesitas subirlo a una página que hospede archivos de audio para distribuirse como podcasts. Algunas de ellas son: Blogtalkradio.com, podomatic.com y podbean.com. Una vez que has creado tu podcast y que está disponible para ser escuchado en cualquiera de los servicios antes mencionados, debes promoverlo para que se escuche. Las páginas anteriores te permiten crear un link que puedes distribuir por correo electrónico, tus páginas en redes sociales como facebook y twitter, o ponerse directamente en tu página de Internet.

Número de teléfono local. Si tu negocio ofrece servicio a nivel nacional, a muchos clientes les será mas confortable llamar a un teléfono que tenga su número de área local, aunque tu negocio este al otro lado del país. Los servicios de VoIP, "voice over IP", te permiten crear una línea virtual de teléfono que funciona por medio del internet, y no por medio de una línea de teléfono convencional. Este tipo de servicios te ofrecen la posibilidad de hacer y recibir llamadas a cualquier parte del mundo por medio de tu línea de internet, que en el caso de llamadas nacionales son gratuitas y en el caso de llamadas internacionales pagas una fracción del costo a comparación de una línea tradicional de teléfono. Lo que esto significa, es que puedes crear un número de teléfono virtual, que puede ser contestado en cualquier parte del mundo donde se tenga acceso al internet. Para una lista de proveedores de estos servicios visita CarlosFlores.net/socios.

Fax. Aunque desde la creación del correo electrónico muchas compañías han optado por deshacerse de las máquinas de fax, algunas otras aun las prefieren. El internet ha hecho posible que puedas tener una línea de fax sin la necesidad de tener una máquina, solamente necesitas acceso al internet y una cuenta de correo electrónico. Si necesitas recibir faxes, serán recibidos en formato PDF directamente en tu correo electrónico que posteriormente pueden ser almacenados electrónicamente o impresos. Para una lista de servicios de fax electrónicos visita la página
CarlosFlores.net/socios

Procesa órdenes en internet. El recibir y procesar órdenes por internet hará el proceso de compra/venta mucho más fácil para ti y para tus clientes. El contar con una página de internet con una tienda virtual te dará la oportunidad de recibir órdenes desde cualquier parte del país o del mundo. Por otro lado, para tus clientes recurrentes les será más conveniente visitar tu página de internet y comprar lo que necesitan en cuestión de segundos, en lugar de tener que llamar, o en lugar de visitar tu negocio en persona y hacer la compra. Para más informacion a cerca de creación y desarrollo de tiendas en internet visita MangoCreativeStudios.com.

También considera la opción de ofrecer tus productos en página que te proporcionan una plataforma de ventas. Este tipo de páginas no cobran por crear una tienda en línea, solamente te cobran una comisión por cada artículo que vendas.Para una lista de estos servicios visita CarlosFlores.net/ socios

Social media, o páginas de internet sociales. Hace unos días uno de mis clientes me preguntó: Carlos, ¿crees que mi negocio deba tener una de esas páginas en facebook o myspace? Mi respuesta fue: "no, tu negocio necesita de ese tipo de páginas SOLAMENTE si quieres que sea exitoso en los siguientes años." La realidad es que este tipo de páginas han llegado para quedarse. Las páginas sociales han causado una gran revolución en el mundo de la informática y de las ventas, y el tener tu negocio enlistado en este tipo de sitios te dará publicidad totalmente gratuita. Se explicará a detalle el uso correcto de estas páginas en otro libro, por ahora te daré la lista de las paginas sociales principales en este momento, las cuales deberás visitar y crear una cuenta para tu negocio. Las principales en este momento son: facebook.com, youtube.com, twitter.com y myspace.com. Algunas páginas que están creciendo en popularidad son foursquare.com, meetup. com y linkedin.com.

Televisión en línea. Al igual que con la radio, ya no necesitas de una estación comercial para poder tener un programa de televisión totalmente en vivo. El internet hace posible que con tu computadora y una cámara de video puedas crear un show de TV totalmente en vivo, que puede ser visto en cualquier parte del mundo, totalmente gratis para ti y para tu espectador. Estos servicios te pueden ser de gran utilidad para hacer una demostración en vivo de tu producto o servicio. Algunos de estos servicios gratuitos son: ustream.tv, stickam.com y livevideo.com.

Seminarios en línea. Puedes impartir seminarios a nivel nacional o internacional a cerca de tu producto o servicio. Existen servicios para impartir seminarios por medio del internet que te permiten el uso de una presentación en Power Point que puedes controlar desde tu computadora. Los seminarios en línea pueden ser una excelente herramienta para presentar tu producto o servicio de manera masiva de forma económica. Para algunos servicios de presentaciones en línea visita CarlosFlores.net/socios

Fax en masa. Si colectas los números de fax de tus clientes y prospectos en tu base de datos, puedes sacarle jugo y enviar faxes en masa a todos ellos. Para hacer esto de manera efectiva deberás contratar un servicio de envío de faxes en masa. Estos servicios funcionan de manera similar al correo electrónico, escribes un mensaje, lo envías a una lista de personas y en cuestión de segundos lo reciben. Solo ten en cuenta que recibir faxes no solicitados puede resultar molesto para ciertas personas, así que asegúrate que enviarás una excelente promoción o mensaje si es que optas por esta opción. Tampoco abuses de este medio, recibir un fax publicitario más de una vez por mes puede ser molesto. Para ver una lista de estos servicios visita CarlosFlores.net/socios

Video conferencias. El internet ha abierto la posibilidad de tener clientes alrededor del mundo y atenderlos de manera eficiente. Puedes estar cara a cara con tu cliente, tú desde tu oficina y el o ella desde la suya o desde su casa aunque esté del otro lado del planeta. Las video conferencias han tomado popularidad durante los últimos años, ya que le permite a las empresas tener un contacto más cercano con sus clientes y prospectos a distancia. Una llamada telefónica de larga distancia no te permite ver a tus clientes y prospectos ni analizar su lenguaje no verbal. Por otro lado, si puedes ver a tus prospectos y analizar su lenguaje no verbal, te será más fácil cerrar una venta, sin la necesidad de viajar por horas para estar frente a frente físicamente. Esta tecnología también te permite hacer una presentación a varias personas al mismo tiempo. Por ejemplo, puedes hacer una presentación de ventas a la misma compañía, el director puede estar en Los Ángeles, el gerente general en la Ciudad de México, el gerente de ventas en Guadalajara, y el departamento de mercadeo en Chicago. Puedes tener a todo este equipo de personas en tu presentación, cada quien desde su oficina. Esta tecnología te será enormemente práctica si es que haces ventas a compañías cuyos ejecutivos pasan gran parte de su tiempo viajando.

Déjale saber a tus clientes que ofreces consultas en vivo por medio de videoconferencias, y verás como tus ventas aumentarán. Tus clientes y prospectos tendrán curiosidad de saber como es que funciona una videoconferencia y querrán ser parte de esta impresionante tecnología. Para ver un listado de proveedores de este servicio visita
CarlosFlores.net/socios

Viral Marketing. Este es uno de los secretos mejor guardados por las compañías que lo llevan a cabo. "Viral marketing", o mercadeo viral, se refiere al uso de páginas de Internet sociales para crear publicidad. Como su nombre lo dice, "viral", se refiere al hecho de que al igual que los virus, este tipo de publicidad se "multiplica" por si misma. La publicidad viral puede tomar varias formas: puede ser creada por medio de videos o fotografías que sean subidas a páginas de internet sociales como youtube o facebook. Uno de los trucos para lograr que este tipo de publicidad realmente tome toda su fuerza es crear una pieza de video o fotografías que sean altamente impactantes para que la audiencia las comparta con sus contactos, lo que generará un efecto de bola de nieve.

Por ejemplo, hace unos meses se lanzó al internet el video de unos acróbatas que, por muy raro que suene, jugaban a cachar una computadora laptop con sus nalgas. Una de las características de esta computadora es ser pequeña, delgada y ligera, por lo que este video realza sus características principales. Uno de los acróbatas lanza la computadora al aire, y el otro, dando maromas y haciendo acrobacias podía agarrar la computadora en el aire con su trasero. El video es tan simpático, que a unos meses de que se lanzara llegó a tener millones de vistas. Cabe mencionar, que la marca de esta compañía de computadoras no cuenta con la popularidad de las grandes compañías, pero este video dio a conocer su marca a nivel mundial en cuestión de días. Los internautas pensaron que este video era tan original que no dudaron (me incluyo) en compartirlo con otras personas.

En fin, el éxito de este tipo de publicidad reside en poder crear algo altamente impactante e imaginativo que envuelva a tu producto o servicio. Si puedes imaginarlo y ponerlo en video o fotografía, tu negocio estará en camino de ser visto en todo el mundo.

Mensajes de voz. Enviar mensajes de voz en masa te permite establecer contacto con cientos o miles de clientes y prospectos en cuestión de segundos. Si en tu base de datos colectas los números de teléfono de tus clientes, esta puede ser una excelente manera para tener a tus clientes de regreso constantemente. Este tipo de servicios te permiten grabar un mensaje que será transmitido a todas las personas en tu base de datos a quienes decidas que llegue ese mensaje. Ese mensaje puede dar opciones a tus clientes, como marcar el #1 para ser contactado con un representante de ventas, marcar el # 2 para hacer una cita, marcar el # 3 para hacer un pedido, etc. Este tipo de servicios también te pueden ayudar a realizar encuestas telefónicas, el sistema le hace una serie de preguntas y la persona que recibe la llamada presiona un número en el teléfono para dar su respuesta. Para ver una lista de estas compañías visita CarlosFlores.net/socios

Citas por internet. Puedes ofrecer a tus clientes la facilidad de que puedan hacer una cita contigo o con tu personal sin la necesidad de llamar por teléfono. Pueden entrar a tu página en internet, ver las opciones disponibles que tienes para hacer citas, y ahi mismo pagar la cita por adelantado. Esta es una excelente herramienta para doctores, abogados, dentistas, y demás tipos de profesionistas que trabajan por medio de citas. Para una lista de proveedores de estos servicios visita CarlosFlores.net/socios.

INCREMENTANDO TUS VENTAS PERSONALES

Comienza todos los días con 5 llamadas. El comenzar tu día haciendo un mínimo de 5 llamadas puede aumentar tus ventas significativamente en cuestión de días. Puedes dedicar algunas de esas llamadas para contactar clientes antiguos o para prospectar clientes nuevos. Estas llamadas pueden tener el fin de dar seguimiento a una compra hecha con anterioridad, sugerir una nueva compra, establecer una cita o pedir referencias. El comenzar todos los días por lo menos con 5 llamadas te ayudará a siempre tener prospectos en fila y te dará actividades productivas para realizar en el transcurso del día.

Correo de voz. El correo de voz de tu celular, línea directa personal o línea general de tu negocio puede ser una excelente arma de ventas. El truco es pedir a las personas que no solamente dejen un mensaje, sino darles opciones para que puedan realizar una compra con facilidad. Por ejemplo, el correo de voz en mi celular dice algo similar a "¡Hola! has llamado a Carlos Flores, gracias por llamar. ¿Sabias que puedes ordenar cualquiera de nuestros productos en línea?

Es fácil y solamente necesitas dar un par de clicks. ¡Visita MangoPrinting.com y haz tu orden ahora! si tienes preguntas envía un email a ventas@MangoPrinting.com o deja un mensaje después del tono. Si necesitas reordenar una orden anterior, déjame tu nombre, número de tarjeta de crédito con fecha de vencimiento, y más tarde te enviaré un recibo con la confirmación de tu orden, gracias." Cada vez que reviso mis correos de voz son más las personas que dejan su número de tarjeta de crédito, o que visitan nuestra página web y hacen una orden en línea. Así que evita el popular "haz llamado a fulano de tal, no puedo contestar tu llamada, deja un mensaje después del tono y si tienes suerte te regresaré la llamada". Ponle creatividad, profesionalismo y en cuestión de días (o tal vez horas) aumentarán tus ventas.

Ofrece una clase en tu especialidad. Ofrécete con alguna organización comunitaria para impartir una clase gratuita a cerca de tu especialidad. Organizaciones que siempre están en búsqueda de expertos para impartir temas son: escuelas, organizaciones de padres de familia, grupos religiosos, organizaciones sin fines de lucro y cámaras de comercio. No esperes que te paguen por dar esta presentación, pero asegúrate que la organización para la cual ofrezcas la clase, taller o charla, promueva con anticipación el evento y que incluyan el logotipo de tu compañía, número de teléfono, website, fotografía personal y correo electrónico. El dar este tipo de presentaciones te pondrá al frente de prospectos que seguramente se convertirán en clientes. También asegúrate de colectar su información. Puedes colectar sus tarjetas de presentación o pedirles que anoten sus números de teléfono o correo electrónicos para agregarlos a tu base de datos o hacer una rifa entre los presentes.

Dicen que después del miedo a la muerte el mayor miedo para la mayoría de los humanos es hablar en público. Si solamente la idea de hablar en público te hace sudar, para tu buena suerte debes de saber que en toda la historia de la humanidad solamente existe el registro de 1 persona que ha muerto mientras hablaba en público. Alben W. Barkley, quien fuera vice presidente de los Estados Unidos murió de un paro cardiaco en 1956 mientras daba una charla. Así que las posibilidades de que algo trágico suceda mientras das una presentación en público son mínimas.

Todo buen orador no nace, se hace. Para mejorar tus habilidades de oratoria puedes asistir a grupos como Toastmasters International, Dale Carnegie, o a cursos de oratoria en universidades y colegios locales.

Entusiasmo. El entusiasmo es contagioso y es una excelente arma en la labor de ventas. Un vendedor o vendedora entusiasta puede vender lo que se proponga, a quien se lo proponga. El entusiasmo tiene un efecto reflectivo en tus clientes, si tú te muestras entusiasta a cerca de tus productos o servicios, tus clientes se sentirán a gusto con tu presentación e incrementarás tus probabilidades de cerrar la venta. Y lo que es mejor, contagiarás de entusiasmo a todos a tu alrededor, en tu negocio, y en tu casa. Por el contrario, existen vendedores que se sienten unos eruditos en su producto o servicio, son mal encarados y parcos. Este tipo de vendedores son evitados a toda costa. Para la mala suerte de los vendedores, de los buenos y los malos, a la gran mayoría de personas no les gusta tratar con vendedores, y mucho menos con un vendedor con cara y actitud de pocos amigos. Pero por el contrario, si demuestras entusiasmo, les harás sentir a tus prospectos buena vibra.

La gran mayoría de los vendedores pasamos por altas y bajas, y se que es particularmente más difícil mantenerte entusiasta en los momentos en los que tal vez tu negocio no va del todo bien. Pero es precisamente en estos momentos en que debes destellar entusiasmo por todos lados, y tus ganas de triunfar y de salir adelante, deben hacerse notar con tu actitud y tus acciones. Así que si estás pasando por un momento difícil en tu carrera o en tu vida personal, ¡ánimo, a echarle ganas! Lo único que sigue después de haber tocado el fondo de un problema es salir a flote.

Haz sentir descontento a tu cliente con lo que ya tiene. Hazle saber a tu cliente los posibles problemas que puede tener si no compra tu producto o servicio. Por ejemplo, si vendes colchones para cama, hazle notar como su colchón actual le ocasiona dolores de espalda, lo hace despertar con dolores de cabeza, no le permite dormir confortablemente, es incómodo, etc. Al hacerle notar todos estos defectos al cliente, lo harás sentir totalmente en descontento con su colchón actual. Usa este ejemplo y ponlo en tu contexto, piensa en todos aquellos factores que pueden generar descontento en tu cliente con su producto o servicio actual y presenta maneras en las que el tuyo pueden solucionar el descontento. Tal vez suene un tanto drástico, pero debes hacerles sentir el dolor de no tener tu producto o servicio.

Escribe artículos para medios. Los medios impresos tales como periódicos y revistas locales, siempre están en búsqueda de material de calidad para publicar y que pueda ser de interés para sus lectores. Si gustas de la escritura, tú puedes ser una de las fuentes que proporcione de ese material para que sea publicado. Contacta al editor de periódicos o revistas y ponte a sus órdenes. Envía un artículo de ejemplo, con tu biografía profesional, fotografía e información de contacto. A cambio de prestar tu material, pide que publiquen tu nombre, tu fotografía y website o número de teléfono. No esperes que el medio te de una recompensa económica, pero el publicar tu imagen en un periódico o revista local te dará prestigio y credibilidad. Puedes hacer lo mismo para páginas de Internet especializadas en tu industria. De igual manera solo debes contactar al editor o "web master" de la página. Si este es el caso, asegúrate que publiquen la dirección Web de tu negocio. Esto no solamente creará tráfico a tu sitio, sino que incrementará el rango de tu página web en los motores de búsqueda.

Etiqueta. Para mi sorpresa, son muchos los dueños de negocio que no tienen ni la más mínima idea de que son la etiqueta, los buenos modales ni el tacto. Hace días pasó la camioneta vendedora de nieves frente a mi casa, y con el embarazo de mi esposa, los antojos no se hacen esperar. Salí corriendo detrás de la camioneta. Me atendió un tipo con cierto parecido al ogro verde de la película en tercera dimensión. Buenos días, le dije. "¿Qué quieres?", respondió. Cuanto cuesta 1 bola de nieve, pregunté. "1 dólar", respondió. En fin, después de realizada nuestra transacción comercial, el tipo se fue, ni las gracias me dio. Francamente, cada vez que pasa la camioneta de este individuo la evito. Este tipo de personas que no tienen ni la mas mínima consideración con sus clientes terminan fracasando en sus negocios. Algo de igual manera común es entrar a un negocio, esperar que el dueño o alguien te atienda, y mientras esperas el servicio la persona encargada se pone a hablar por teléfono, se pone a cuchichear con los compañeros de trabajo o con alguien que está en el negocio de visita. Si eres este tipo de personas, te urjo a que compres un libro de modales y etiqueta. Algunos títulos famosos son: "Manual De Urbanidad y Buenas Maneras", de Manuel Carreño (un clásico en el tema), "Como Comportarse Como Un Caballero", de John Bridges, o "Como Comportarse Como Una Dama", de Candace Simpson Giles, o el otro clásico "Como Ganar Amigos e Influir Sobre Las Personas", de Dale Carnegie. Si piensas que no necesitas de estos libros, de cualquier manera te los recomiendo, siempre es bueno pulir tus buenas maneras. Estos libros puedes comprarlos en CarlosFlores.net/socios

Eventos sociales. Mejor conocido en inglés como "networking". Busca en Internet a cámaras de comercio, organizaciones sin fines de lucro, y organizaciones de profesionales en tu ciudad que hagan eventos de relaciones públicas e inscríbete en su boletín electrónico. Este tipo de eventos son una excelente manera de conocer personas en tu ámbito profesional, que no solamente pueden llegar a convertirse en clientes, sino en tu próximo empleado, socio comercial, distribuidor o un contacto clave. A muchos les causa ansiedad el estar en este tipo de eventos sociales. Si eres tímida o tímido, te recomiendo leas "Como Ganar Amigos e Influir Sobre Las Personas", de Dale Carnegie. Este libro es un clásico en el arte de tratar con los demás. En este tipo de eventos, asegúrate de llevar contigo siempre una buena cantidad de tarjetas de presentación y de llegar temprano. En muchos eventos se proveen bebidas alcohólicas, por lo tanto si llegas tarde, te tocará conocer solamente a los borrachitos y borrachitas del evento. También recuerda no pasarte de copas. Si asistes a este tipo de eventos, quieres dar tu mejor imagen a tus posibles contactos importantes. Si te pasas de copas, la imagen que estarás proyectando es de irresponsabilidad y poca confianza. Asegúrate de asistir bien presentable, ropa bien planchada, zapatos limpios, uñas limpias, cabello propiamente recortado o arreglado, etc.

Para que este tipo de eventos te sean de utilidad:

• Pregunta a la otra persona a cerca de si misma antes de charlar a cerca de ti o de tu negocio.

• Escucha a la persona con paciencia, interés y sinceridad. No apresures la charla, deja que la otra persona hable, hable y hable. Si aprendes a escuchar y hacer preguntas que inviten a la otra persona a hablar más de si misma, al finalizar la charla se quedará con la idea de que eres una persona con quien se puede tener una excelente charla, cuando en realidad, lo único que hiciste fue hacer preguntas y escuchar.

• Una vez que tengas la oportunidad de hablar, no trates de vender. La gente no asiste a este tipo de eventos con el afán de que alguien les venda, así que no hagas toda tu presentación de ventas en el momento. Establece una charla casual donde la persona pueda darse una idea general de que es lo que haces. Si haces una presentación de ventas, la otra persona pensará que estás desesperado o desesperada por vender, y definitivamente querrá evitarte a toda costa.

• Habla con personas a quienes no conoces. Los contactos nuevos son la clave para expandir tu círculo de conocidos.

• Provee a la otra persona con información tuya o de tu compañía. Una tarjeta de presentación es básica, pero el proveer un tríptico, volante o fólder con información detallada te dará más posibilidades de que la otra persona preste más interés en tus servicios o productos.

• Sigue en contacto. Agrega a la persona a tu lista de subscriptores de email, llama por teléfono, visita su negocio o agrégalo a tu cuenta en alguna red social.

Fotografía personal. Si estás en el negocio de las ventas, debes saber que debes venderte a ti mismo primero antes de poder vender cualquier cosa. En muchas ocasiones, las personas tendrán un contacto con algún tipo de material promocional tuyo antes de tener un contacto personal. En muchos casos, un prospecto podrá olvidar tu nombre, o podrá olvidar el nombre de tu compañía, pero es más difícil que se olvide de tu rostro. Es por eso que es de suma importancia que incluyas una fotografía tuya al material promocional que elabores, tales como tarjetas de presentación, folletos, website, anuncios, etc. Pero no se trata de que solamente tomes tu cámara y le pidas a alguien que presione el botón y tome una foto. Es indispensable que inviertas el dinero y tiempo en un fotógrafo profesional. Un fotógrafo sabrá decirte cual es tu mejor ángulo, que poses debes tomar, y podrá ver detalles al momento de tomar la fotografía que pasarían desapercibidos para un inexperto, tales como ropa arrugada, corbata mal arreglada, encorvadura en tu espalda, sudor o grasa en tu rostro, cabello mal arreglado, o en el peor de los casos, un horrendo moco.

Nota para mis lectoras: tu fotografía personal no debe ser una fotografía estilo "revista de glamour", al menos que tu negocio sea modelaje, fotografía, maquillaje o ropa. Este tipo de fotografías se distinguen por tener maquillaje abundante, peinados de gala, joyería excesiva, vestidos de noche, escotes pronunciados, vestidos con plumas, lentes de sol, sacos con textura de leopardo, en fin ya tienes una idea. Para que tu fotografía personal se vea lo más profesional posible, solo te bastará una blusa clara de cuello largo, un saco de color obscuro, maquillaje tenue y joyería simple.

Consiente a tu cliente. Al momento de sentar a tu cliente o prospecto frente al escritorio o mesa donde cerrarás el trato, asegúrate que se siente lo más cómodo posible. Ten algunos dulces disponibles encima de tu escritorio, asegúrate que las sillas son cómodas, y que la temperatura y nivel de luz son adecuados. El crear una situación de compra en la que tu cliente se sienta cómodo, incrementará las posibilidades de aumentar tus ventas.

Participar en eventos de tu industria. Contacta a organizaciones que reúnan a otras compañías en tu industria y participa en sus eventos. No solamente asistas a los eventos, participa como patrocinador, expositor, conferencista o se parte de la organización. Este tipo de eventos son una excelente manera para entrar en contacto con prospectos, permanecer frente a la mirada de tus clientes y conocer a personas en tu industria, nunca sabes si en unos meses puedas establecer una de las relaciones más rentables de tu negocio con alguien a quien conozcas en este tipo de eventos. En estos eventos debes asistir con material promocional, pancartas, volantes, trípticos, tarjetas de negocio, etc. y una forma o computadora portátil para colectar la información de las personas interesadas en tu negocio.

Patrocinar eventos. Se parte de los eventos que se llevan a cabo en tu ciudad. Conciertos, obras de teatro, galas, expos, simposios, eventos deportivos, etc. Al patrocinar eventos, asegúrate que tu negocio tendrá algún tipo de participación activa en el evento. El tener tu logotipo en el material promocional del evento es bueno, pero es aun mejor tener algún tipo de interacción con los asistentes, como hacer una rifa, distribuir volantes o tomar la información de las personas que puedan estar interesados en tu producto o servicio.

Sonrisa. Si eres de los empresarios que no sabe sonreír y tu negocio "por alguna extraña razón" anda mal, este punto te puede caer como una bofetada. Existen empresarios que se despiertan con un genio tremendo, van a trabajar y al momento de entrar a su compañía las personas a su alrededor al verlo internamente se preguntan, "¿y hoy que le pasa?". Y así estas personas sin darse cuenta, tratan de una manera tosca y fría a sus clientes, empleados y a toda persona que pone un pie dentro de su negocio. Estas personas son como las moscas, simplemente no quieres tenerlas al rededor.

En cambio, aquellos emprendedores que son alegres y le sonríen a la gente y a la vida, "por alguna extraña razón" les va mejor en los negocios que a aquellos que no sonríen. Este tipo de emprendedores son un magneto de clientes, gustan de la gente, y la gente gusta de ellos. Son amables, atentos y siempre están rodeados de personas que los estiman, y que les recomiendan nuevos clientes.

El llevar una sonrisa en tu rostro puede hacer una gran diferencia, no solamente en tu negocio sino en tu vida en general. Si sientes que no tienes razones para sonreír en la vida o estás deprimido o deprimida, entonces busca ayuda. Estoy totalmente de acuerdo que estar al frente de un negocio, aunque es una gran aventura, puede llegar a ser altamente estresante, si estás pasando por una situación económica o personal difícil puede llegar a ser deprimente. Si estás en esta situación, entonces busca ayuda, todos necesitamos de vez en cuando un ajuste de tuercas. Si estás en una situación de depresión, el primer paso debería de ser leer un par de libros de autoayuda. Si la situación no mejora, puedes buscar grupos de ayuda como Neuroticos Anónimos, Landmark Education, o grupos en tu iglesia. Recuerda, ¡sonríe, y tu negocio recibirá las ganancias!

Haz sentir especial a tu cliente. Ya sea que le des un obsequio o le hagas un cumplido, debes hacer sentir especial a tu cliente de manera totalmente inesperada. Esta estrategia es particularmente efectiva cuando se atraviesan obstáculos en el proceso de la compra. Por ejemplo, si tu cliente necesita su producto para determinada fecha, hazle saber que harás lo necesario para cumplir con su solicitud porque lo estimas, porque es un cliente importante, porque más que un cliente lo consideras un amigo, en fin. Haz sentir especial a tu cliente, y de seguro forjarás una excelente relacion por años.

Seminarios. Puedes dar seminarios gratuitos a cerca de como usar tu producto o servicio, o a cerca de los beneficios que el comprarlo le puede dar a tus prospectos. Los seminarios gratuitos son un excelente medio para darte a conocer dentro de tu comunidad, y al mismo tiempo establecer una relación con prospectos calificados. Este tipo de seminarios los puedes impartir en escuelas, organizaciones sin fines de lucro, centros comunitarios e iglesias.

Lectura. Si tuviste la oportunidad de asistir a la universidad para prepararte académicamente, debes de saber que la educación no termina al obtener un título. Por otro lado, si no tuviste la oportunidad de asistir a la escuela, nunca es tarde para prepararte y encaminarte a dar lo mejor de ti. Haz el firme propósito de leer por lo menos 1 libro al mes. Si logras leer por lo menos 1 libro por mes que te ayude a mejorar profesionalmente, en el transcurso de los siguientes 2 años serás uno de los profesionales mejor preparados en tu ciudad en tu rama. Si el pretexto de "no tengo tiempo" te impide leer, entonces opta por audio libros. Muchos están al volante un promedio de 10 horas a la semana. Si ese tiempo lo dedicas a escuchar audio libros relacionados a tu negocio, en el transcurso de aproximadamente 3 años habrás recibido la misma información que una carrera universitaria provee, así que estar al volante y aprovechar ese tiempo puede ser una excelente inversión en tu persona y en tu negocio.

Organización. Nada mata el potencial de un gran emprendedor como su falta de organización. Muchas veces termina en la basura el gran potencial de hombres y mujeres que podrían llegar lejos en sus carreras a causa del gran enemigo interno que no les permite organizar su tiempo, dejar las cosas para después o simplemente no hacer lo que deben de hacer por desidia, miedo o por simple pereza.

Si quieres llegar lejos en tu carrera como empresario es importantísimo que organices tu día. Dicen que "el tiempo es dinero". En realidad esta es una creencia totalmente falsa, si pierdes dinero, siempre tienes la posibilidad de recuperarlo, pero una vez que has perdido tiempo, este se fue para siempre y no existe manera de recuperarlo.

• Actividades principales. Al comenzar tu día escribe las 3 actividades principales que te producirán ventas. Estas actividades pueden ser: hacer llamadas para prospectar nuevos clientes, hacer llamadas de seguimiento, visitar tu ruta, etc. Piensa en las actividades que realizas en el transcurso del día, divídelas en categorías, y crea la categoría de actividades productoras de ventas. Estas actividades deberán de ser tu mayor prioridad en tus 2 primeras horas de trabajo.

• Delega. Todo aquel trabajo que no es indispensable que tu lo relices debe de ser delegado. De esta manera podrás enfocar tu tiempo y atención a la creación de nuevos clientes y prestar atención a tus clientes actuales.

• Planea. Escribe con 1 semana de anticipación tus actividades diarias. Crea un calendario diario de actividades y apégate a el, de esta manera evitarás enfocar tu atención en distracciones.

• Destina tiempo para actividades secundarias. Tales como revisar correo electrónico, hacer llamadas, revisar tus mensajes de voz, etc. Es desesperante ver a un empresario con la computadora en frente revisando correos electrónicos, mandando mensajes de texto y hablando por teléfono en altavoz en medio de una cita de negocios. Este tipo de empresarios viven con la queja constante de que no les alcanza el tiempo para nada. Destina lapsos de tiempo para hacer estas actividades recurrentes que son secundarias, tal vez puedes revisar tu correo electrónico a las 10 de la mañana, después a las 3 de la tarde y por ultimo 1 hora antes de partir. El hacer estos bloques de tiempo te ayudará a controlar mejor tu día y lograr hacer más. No pierdas tu tiempo, ni hagas a otras personas perder el suyo.

Pasa tiempo con tus clientes fuera de situaciones de trabajo. Mantén la relación a nivel personal con tus clientes fuera del ambiente laboral. Para lograr esto puedes invitarlos a comer, o a un evento deportivo local. Invierte tiempo y dinero para estar en contacto con ellos, invítalos a reunirse en un ambiente casual y dales la oportunidad de que inviten a otras personas. El hacer esto les dará la oportunidad de conocer a otras personas dentro de la industria, y al sugerirles que lleven a otras personas, abres las puertas a que lleven posibles compradores para tu negocio.

Apreciación a tus clientes. ¿Cuándo fue la última vez que recibiste un boleto para el cine o una invitación a cenar gratis? ¿O cuando fue la última vez que esa persona con la que has hecho negocios por tanto tiempo, un día llegó sorpresivamente a tu negocio con comida para ti y tus empleados? El tener este tipo de detalles con tus clientes hará que te aprecien a nivel personal y de seguro apreciaran más tu negocio. Puedes enviarles una tarjeta de regalo a su restaurante favorito, al cine, o a algún evento en la ciudad. También puedes ir a la cafetería, comprar café y donas para tu cliente y sus empleados y llegar a la hora del almuerzo. Esto tendrá a tu cliente y sus empleados hablando de ti todo el día, y posiblemente al irte alguien te dirá, "hey, no olvides pasar a mi oficina, ¡tengo un cliente/orden para ti!".

Nota 1. Es efectivo si haces esto en fechas importantes para tu cliente, como cumpleaños, aniversarios, inauguraciones, etc., pero es más efectivo si lo haces en una fecha cualquiera, solamente por el hecho de apreciar a tu cliente.

Nota 2. No seas "codo", si le vas a dar un detalle a tu cliente, que sea algo de calidad, no lo más barato que te encontraste en la tienda de la esquina.

PROMOCIONANDO TU LOCALIDAD

Anuncios en ventanas. Las ventanas de los negocios son uno de los espacios publicitarios más eficaces, y a la vez menos usados por los comerciantes. Si tu negocio tiene ventanas grandes, potencialmente tienes un vendedor de tiempo completo que no cobra salario alguno. Tus anuncios en ventanas deben poder quitarse y poner con facilidad. Para esto puedes usar succionadores de aire que colgarán temporalmente los anuncios. Los anuncios en tus ventanas deberás cambiarlos de manera seguida. Por ejemplo, si tu negocio vende productos, cada día puedes colgar un anuncio ofreciendo un producto distinto con un descuento. Una fotografía grande, pocas letras y el descuento en letras grandes llamará la atención de todos los que caminen al rededor de tu negocio.

Las ventanas también son un excelente medio para hacer notar la identidad corporativa de tu negocio, por medio de calcomanías y adornos con el logotipo, colores y demás elementos visuales que forman parte de la identidad de tu empresa. Otra opción que tienes para sacarle provecho a tus ventanas es colocar televisores conectados a un reproductor de DVD con un video de tu producto o servicio. La televisión deberá colocarse dentro de tu negocio de tal manera que sea visible a través de las ventanas.

Anuncios del negocio. Un buen rótulo, pancarta, anuncio de luces de neón, o un anuncio con animación, es una de las mejores inversiones que harás para tu localidad. El anuncio deberá de ser lo suficientemente grande para que el nombre de tu negocio sea legible desde una distancia larga. El tipo de letras que uses deben ser legibles, evita la tipografía estilo manuscrita y gótica. Los colores deben ser claros y llamativos. Evita los colores obscuros, ya que disminuirá su visibilidad en la noche.

Anuncios dentro de tu negocio. Otro de los espacios menos utilizados por los comerciantes es el interior de sus negocios. Si ya has logrado que un prospecto entre a tu negocio, obviamente quieres que se enamore de tus productos y servicios y que compre, compre y compre. Los anuncios dentro de tu negocio le ayudarán al cliente a tomar una mejor decisión de compra. Este tipo de anuncios pueden ser posters con fotografías de tu producto o servicio en uso, o pueden ser pancartas con descuentos. Los anuncios deben ser lo suficientemente grandes para que se pueda leer su contenido fácilmente, colocados estratégicamente para que las personas los vean una vez que entren a tu negocio, y el mensaje debe ser corto para poder entenderse en un par de segundos.

Anuncios en boletines de escuelas. La mayoría de las universidades y escuelas cuentan con boletines al rededor de sus instalaciones donde estudiantes y organizaciones internas promueven eventos, cursos y otro tipo de actividades. Estos boletines son leídos diariamente por cientos de estudiantes y los puedes usar para promover tu negocio o servicio a la comunidad estudiantil con posters, volantes o tarjetas de presentación. Estos boletines te serán de gran utilidad no solamente para promover tu negocio, sino para contratar empleados. Solamente asegúrate de pedir permiso a la autoridad correspondiente dentro del plantel.

Anuncios en las calles y paradas de autobuses. ¡Truco viejo pero bueno! El poner hojas en los postes al rededor de tu negocio puede generarte una tremenda cantidad de llamadas o de personas caminando a tu negocio, si lo haces con inteligencia. Deberás usar letras grandes, que cubran por lo menos la mitad de la hoja, y una frase corta que describa lo que ofreces. Abajo de eso, puedes incluir un poco más de información, tu dirección y teléfonos. Uno de los factores que determinará la eficacia de esta estrategia es que uses hojas impresas a todo color. El mejor día para colocar este tipo de anuncios son los fines de semana a primeras horas de la mañana, no tendrás muchos problemas con el tráfico y generalmente los fines de semana es cuando más personas hay en la calle en ciertas áreas. Deberás considerar que en algún momento estos anuncios serán removidos por las personas que realizan la limpieza en tu ciudad, que generalmente trabajan entre semana.

Anuncios realistas. A tus anuncios agrega una fotografía que haga parecer el anuncio como si fuera un evento que esta sucediendo en la realidad. Esto atraerá con más intensidad la atención de tus prospectos.

Auto rotulado. Si cuentas con una flotilla de distribuidores, una de las mejores inversiones que puedes hacer es rotular autos y camiones de distribución con fotografías de tus productos o servicios, el logotipo de tu negocio e información de contacto (website, dirección, teléfono, etc.). Aún si no tienes una flotilla, de seguro tu automóvil es parte importante de tu negocio, así que el rotularlo te dará publicidad dondequiera que manejes. El rótulo o magneto que uses para tu auto debe ser lo suficientemente grande para poder leerse fácilmente.

Autobuses. Otra opción si no tienes una flotilla de autos o si no quieres rotular tu propio auto, es usar los medios de transporte público de tu ciudad. Este es un medio publicitario que ha tomado mucha popularidad en los últimos años y que ha crecido gracias a la efectividad que tiene. Algunos medios de transporte también te permiten, por un costo más accesible, colocar anuncios dentro de las unidades donde las personas pueden leer tu anuncio con comodidad mientras viajan. Parte de la efectividad de este tipo de publicidad es que la persona pueda tomar acción en cuanto ve el anuncio. Puedes pedirle que solicite más información visitando tu website desde su celular, o que envíe un mensaje de texto a un número de teléfono para recibir más información. Este tipo de anuncios son altamente efectivos si los usas en las rutas que manejan al rededor de tu localidad.

Boletín informativo. Puedes crear un boletín informativo impreso con las últimas noticias importantes que suceden en tu negocio o en tu industria y enviarlo a tus clientes y prospectos de manera frecuente; mensualmente, trimestralmente o semestralmente. El boletín debe cubrir la función de ser un material informativo para el lector, no meramente un medio publicitario para tu negocio, así que debes asegurarte de que la información que publiques sea de valor para el lector. El boletín puede ser enviado a tus clientes almacenados en tu base de datos o puedes comprar una base de datos local si estás en búsqueda de prospectos. Si tu boletín es corto y solamente tienes algunas personas a quien enviarlo, puedes usar tu copiadora de oficina para imprimirlo. Si la cantidad es mayor a 250 piezas, lo ideal sería usar una imprenta comercial ya que el costo de producción será menor y pueden proporcionarte con servicio de correo directo, así evitando pegar estampillas manualmente. Para una lista de estos servicios visita CarlosFlores.net/socios

Decora tu negocio. Asegúrate de decorar tu negocio de manera acorde con el producto o servicio que ofreces. La decoración debe ser lo suficientemente llamativa para que cada persona que entre diga "¡wow que bonito lugar!", pero lo suficientemente sutíl para que no distraiga la atención de tus productos o servicios. Especialmente asegúrate de que el lugar donde recibes y atiendes a tu clientela sea confortable y acogedor. Asegúrate también de decorar acorde tu negocio conforme a fechas especiales que tus clientes y prospectos puedan considerar importantes, como navidad, día de la madre, día del padre, día de la independencia, etc. El hacer sentir cómodo a tus clientes les hará sentir especiales, que tu negocio se toma el tiempo y dinero en apapachar a sus clientes, y por lo tanto, te visitarán más seguido.

Jardín. Si tu negocio tiene un jardín frontal, entonces puedes sacarle tremendo beneficio. Puedes usar anuncios de jardín para promover ofertas especiales o la venta de tus productos o servicios. Este tipo de anuncios son una excelente manera de atraer las miradas de peatones y conductores. Asegúrate que el anuncio es lo suficientemente grande para poder verse a una distancia larga. El anuncio tiene uno o dos segundos para atraer la atención de todo aquel que va pasando, por lo que el mensaje deberá de ser corto y conciso y de preferencia tener una fotografía de tu producto o servicio.

Anuncios espectaculares. Las compañías que ofrecen el servicio de anuncios espectaculares te permiten la posibilidad de hacer llegar tu anuncio a miles de personas por medio de su red local o nacional de anuncios. Este tipo de publicidad es excelente si buscas incrementar el flujo de clientes que llegan directamente a tu negocio. Para que un anuncio espectacular genere resultados depende de varios factores.

• Imagen. Ten en cuenta que el conductor promedio verá varias decenas de anuncios espectaculares en el transcurso de regreso a casa o en el camino al trabajo. Para que logres atraer la atención de la mayor cantidad de conductores posibles, el anuncio debe contener una fotografía o imagen que sea diferente del resto de los anuncios como para que los conductores desvíen su atención por unos segundos.

• Promoción. Una vez que la imagen ha logrado atraer la atención del conductor, el mensaje, oferta o promoción debe de ser lo suficientemente irresistible para no dejarse pasar.

• Cercanía a tu negocio. El anuncio debe de estar ubicado estratégicamente. De poco servirá contar con un anuncio espectacular en el norte de la ciudad, si tu mercado es el sur. El anuncio debe de estar lo suficientemente cerca para invitar al conductor a que desvíe su camino y visite tu negocio. Para lograr esto, es indispensable que uses frases como "visítanos en la siguiente salida", "a solo 5 minutos", "a solamente 2 cuadras".

Anuncios en los cines. Si has ido al cine recientemente, posiblemente has visto anuncios de negocios en tu ciudad antes de comenzar la película. Estos anuncios pueden ser altamente efectivos para tu negocio si es que puede ser visitado después de ver una película, como un restaurante, hotel, o tienda. Tu anuncio puede invitar al espectador a que visite tu negocio después de la película, y recibirá un descuento al mencionar que ha visto el anuncio en el cine. Si tu negocio cuenta con una página en internet que es accesible por medio de celular y acepta reservaciones o compras, puedes invitar a la audiencia a que visite tu website desde su teléfono para hacerlas.

Competencias. Haz una competencia que involucre a tu producto o servicio. El concurso puede ser de velocidad, resistencia, tiempo, belleza, etc. El ganador de la competencia puede ganar dinero en efectivo o el uso de tu producto o servicio gratuito por un determinado periodo de tiempo. Promueve la competencia por lo menos con 1 mes de anticipación, esto generará curiosidad en tu comunidad y los tendrá hablando a cerca de tu negocio. Si van a tu negocio para saber más, ofréceles volantes informativos para que puedan pasarlos a sus amigos y familiares. Asegúrate de poner por escrito las reglas de participación, asi como limitaciones.

Concursos y rifas. Crea un concurso donde la gente pueda participar para ganar dinero en efectivo o el uso de tu producto o servicio. Al contrario de una competencia, los concursos y rifas no requieren que las personas involucradas realicen cosas fuera de lo común. Puede bastar con proveer su información de contacto (que después agregarás a tu base de datos) para entrar al concurso.

Disfraces. Los disfraces son una excelente manera de llamar la atención de tu audiencia, sobre todo si tu negocio tiene a manera de logotipo una mascota. De nueva cuenta, el uso de disfraces requiere de echar a andar tu imaginación. Visita una tienda de disfraces en tu ciudad o alguna tienda en línea y compra un disfraz que represente tu logotipo, producto o servicio. No dudes que muchas personas querrán tomarse una fotografía al lado de la mascota de tu negocio.

Dona tu producto para una organización caritativa. Envuelve tu negocio en alguna organización caritativa y dona productos o servicios en sus eventos. Este tipo de organizaciones realizan eventos en el transcurso del año, y siempre están en búsqueda de maneras para recaudar fondos. Puedes regalar tus productos o servicios a los asistentes de dichos eventos, o puedes pedir que subasten tus productos. Obviamente, la ganancia de la subasta será para la organización. Esto te permitirá poder ayudar a una noble causa, tu negocio recibirá atención y una buena imagen al participar en este tipo de eventos, y animarás a otras empresas a que sigan tus pasos de poner un granito de arena para el progreso de tu comunidad.

Eventos comunitarios. Asegúrate de estar al tanto de ferias de salud, kerméses, ferias, demostraciones de negocios, talleres, seminarios y otros tipos de eventos en tu comunidad. Estos eventos son una excelente manera de entrar en contacto directo con la comunidad, y son un excelente medio para conseguir prospectos y clientes. Puedes distribuir material informativo de tu negocio, como trípticos y volantes, o puedes distribuir cupones de descuento o ejemplos gratis de tu producto. También puedes colectar información de prospectos haciendo una rifa o dando un taller o seminario a cerca del servicio o producto que ofreces. Mejor aún debes estar preparado para poder hacer ventas, tomar órdenes y hacer consultas en el momento, nunca sabes cuando una persona que visita este tipo de eventos pueda convertirse en tu siguiente cliente.

Lugares públicos. Algunos aeropuertos alrededor del mundo ofrecen rentar espacios publicitarios. Este tipo de publicidad es efectiva sobre todo si tu negocio atiende a viajeros constantes o turistas. Otros lugares públicos similares que ofrecen este tipo de publicidad son centros comerciales, estaciones de tren o de autobús, gimnasios, estadios deportivos entre otros. Los lugares públicos le dan una exposición altísima a tu negocio, que puede llegar a ser vista por miles de personas en un solo día. Este tipo de anuncios deben crear un tipo de interacción con la audiencia para que sean realmente efectivos. Algunas frases que puedes utilizar en este tipo de anuncio son: "visita nuestra página de Internet para hacer una reservación o comprar en línea", "nuestro negocio está ubicado en la salida norte del estacionamiento", "llama a nuestro número de teléfono y haz tu reservación".

Manifestación afuera de tu negocio. Contrata a algunos estudiantes de secundaria por uno o dos días para que hagan una mini manifestación afuera de tu negocio. En esta manifestación deberán portar camisas y gorras promocionales, distribuir volantes y llevar con ellos pancartas, bocinas, vuvuzelas, matracas o algún otro tipo de artefacto para llamar la atención de todo aquel que pase. La idea de hacer una manifestación no es precisamente hacer escándalo, sino dejarle saber a todos a cerca de la excelentísima oferta que tu negocio esta ofreciendo este mes, esta semana o este día. Todo el que pase por tu negocio se preguntará: ¿qué estará pasando ahí? y de seguro la curiosidad les llevará a tu negocio y comprarán. Asegúrate de contar con los permisos de autoridades locales para poder realizar este tipo de actos.

Número 800. El proveerle con un número 800 a tus clientes es una manera de ahorrarles dinero en sus llamadas de larga distancia. Te sorprenderá como es que muchas personas que radican en otras ciudades o estados dejarán de llamarte solamente para ahorrar dinero en costos de servicio telefónico. A parte, el tener un número 800 te permite crear un numero de "vanidad", esto es un número que puede ser recordado con letras, tal como "1-800-tu-negocio", en lugar de "1-800-876-7657", lo que hace tu número de teléfono más fácil de recordar. Para contratar este tipo de servicios visita CarlosFlores.net/socios

Organiza un evento gratuito en tu negocio. Organiza un evento de relaciones sociales, ofrece un taller, se el anfitrión de una fiesta de temporada o imparte un seminario gratuito en tu negocio. El ofrecer tu negocio para este tipo de eventos atraerá la atención de personas en tu comunidad. El tomar un rol activo en tu comunidad le dará constante exposición a tu negocio sin que tengas que gastar un centavo en publicidad. Se parte de las organizaciones sin fines de lucro y toma un rol activo. Algunas de estas organizaciones pueden ser: organizaciones cívicas, cámaras de comercio, centros culturales y organizaciones profesionales.

Para que tu evento sea un éxito deberás promoverlo en Internet. Puedes utilizar tu cuenta en alguna red social (facebook, twitter, etc.) y promoverlo ahí directamente o pedirle a tus contactos que se dirijan a la página de Internet de tu negocio. Existen servicios en línea especializados en ayudarte a promover eventos, directamente a tus contactos o a los visitantes constantes de esas páginas. Para más información visita CarlosFlores.net/socios

Si piensas hacer promoción directa, será necesario contar con boletos para que lleves un conteo exacto de las personas que asistan a tu evento.

Páginas amarillas. En lo personal, no soy un gran fanático de este medio, ni para buscar negocios ni para anunciar a mis clientes en ellas. Si quieres anunciar tu negocio en algún tipo de directorio, busca directorios especializados en tu industria. Por ejemplo, si tu negocio es la construcción de propiedades comerciales, muchas organizaciones sin fines de lucro dedicadas a ayudar a este tipo de negocios publican anualmente un directorio con anuncios de sus miembros. Es este tipo de publicaciones en las que debes de poner atención, publicaciones dirigidas a personas que están a la búsqueda de tu producto o servicio.

Sin embargo, las páginas amarillas son un medio que sigue funcionando para ciertos tipos de negocios. Este tipo de negocios atienden al sector adulto del mercado. Una adolescente en búsqueda de una buena tienda de ropa muy difícilmente buscará en las páginas amarillas un negocio "cool" al cual ir. Ella indudablemente buscará por medio de la computadora o de su celular algunas tiendas cercanas y muy posiblemente podrá ver algo de su selección de ropa directamente en su pantalla antes de decidir ir a la tienda. Por otro lado, una señora de mayor edad, digamos de 60 años o más, en búsqueda de un vestido de noche para una fecha especial, posiblemente le dará un vistazo a las páginas amarillas para buscar tiendas de ropa en su área.

Antes de enlistarte en las páginas amarillas pregúntate, ¿el tipo de clientela que atiende mi negocio realmente usa las paginas amarillas? Si la respuesta es no, busca otra manera en la cual invertir tu dinero.

Pancartas. Las pancartas son otro método esencial para atraer clientes a tu negocio. Las pancartas son una bandera de tela o vinil impresos con publicidad. El gran beneficio que ofrecen las pancartas, a diferencia de otros medios publicitarios, es que pueden ser intercambiados de manera fácil y constante y el costo de producción de este tipo de material es relativamente bajo. Para que una pancarta atraiga clientes a tu negocio debe ser lo suficientemente grande para poderse leer a distancia. Debe contener no más de 2 frases cortas que puedan ser leídas en menos de un par de segundos, y debe contener una imagen a todo color del producto o servicio que ofreces. También es muy importante cambiar tu pancarta de manera constante, si la dejas por un lapso muy largo de tiempo, dejará de llamar la atención. Lo ideal es poner una pancarta nueva, dejarla por unas 3 o 4 semanas y quitarla. Después de unas 2 o 3 semanas, poner otra distinta a la que ya tenías.

Pide a tus clientes que regresen. Tan simple como suena, ¡pide a tus clientes que regresen! La gran mayoría de comerciantes y vendedores no les piden a sus clientes que regresen. Las razones pueden ser muchas; les da pena y se les olvida recordarle al cliente que debe regresar, o simplemente sienten que no tienen razón para pedirle al cliente que regrese.

Es simple, al momento de cerrar la venta, exprésale a tu cliente que esperas poderle servir pronto, que estarás en contacto en unas semanas para ver si hay algo que se le pueda ofrecer, o que le llamarás dentro de unos meses para que te visite de nuevo. Muy posiblemente, tu cliente olvidará lo que le digas, por eso es importante que al momento de cerrar la venta le des algo físico para que regrese, como un certificado de cliente distinguido, un cupón, tarjeta de regalo o un volante. Después, es también indispensable que estés en constante contacto con él por medio de correo directo, correo electrónico o llamadas para que recuerde que estas ahí para servirle. Es también importantísimo que hagas anotaciones en tu base de datos a cerca de cuando tu cliente necesitará de nueva cuenta de tus productos o servicios, para que puedas contactarlo cuando sea necesario.

Productos verdes y orgánicos. Durante los últimos años ha crecido la conciencia por parte del mercado, del consumo de productos y servicios que son seguros tanto para el ambiente como para el uso personal. Los productos y servicios "verdes" se denominan a todos aquellos que tienen el uso de materiales orgánicos, reciclados, o negocios que no dañan el medio ambiente. Es una tendencia que va en crecimiento, así que aprovéchala y consulta con tus proveedores la posibilidad de integrar productos y servicios verdes y orgánicos en tu negocio.

Sistema telefónico. Las ventas de muchos negocios dependen en gran parte de las llamadas que reciben. Para muchos, el perder una llamada les puede costar cientos o hasta miles de dólares. El tener un sistema telefónico exitoso cuenta de varias partes.

• Diálogo para contestar el teléfono. Cada llamada recibida a tu negocio deberá de ser contestada con el mismo diálogo cada vez que suena el teléfono. Le dará realce a tu negocio y hará sentir a los clientes que están tratando con verdaderos profesionales en su rama.

• Base de datos. Es de suma importancia que la persona encargada de contestar el teléfono pueda capturar la información del cliente o prospecto en el momentode contestar la llamada. La recepcionista, secretaria o asistente debe tener acceso a la base de datos para colectar el nombre, número de teléfono y razón de la llamada. El siglo pasado se usaban "papelitos" para tomar notas, esos papelitos terminaban perdidos o en la basura. Ahora es necesario contar con una base de datos, de esta manera se lleva un registro de las llamadas recibidas en general, las llamadas recibidas de cada cliente en especifico, y se puede designar un representante de ventas a cada prospecto para su futuro seguimiento. Para una lista de servicios de bases de datos y servicio telefónico visita CarlosFlores.net/socios

Cartas personalizadas. Envía cartas personalizadas a tus clientes y prospectos con su nombre impreso. Para lograrlo puedes usar el sistema de "mail merge" que ofrecen algunos programas como Microsoft Word. Esto te permitirá poder imprimir cartas con los nombres de tus clientes con solo unos clicks. El enviar correspondencia personalizada hará sentir especial a tus clientes o prospectos por haberte tomado el tiempo de hacerlo, y le hará sentir que ahí estas para servirle cuando sea necesario. Las cartas personalizadas deberán ser enviadas después de tu primera cita con tu cliente y de manera recurrente después de haber hecho la venta.

PROMOCIONANDO
TUS PRODUCTOS Y SERVICIOS

Audio libro. Puedes crear un audio libro que explique los beneficios que ofrece tu producto o servicio. Este audio libro puede ser reproducido en un CD para que tu cliente o prospecto pueda escucharlo en la comodidad de su auto mientras maneja o en su estéreo al llegar a casa. También puede ser grabado en formato MP3 para que pueda ser bajado del internet y escuchado en la computadora o en un aparato portátil de reproducción de música. Crear un audio libro es más fácil de lo que te imaginas. Puedes crearlo desde la comodidad de tu casa u oficina, solamente necesitas una computadora que cuente con bocinas, micrófono y software especializado para grabación de audio. Puedes bajar software de grabación de audio totalmente gratis como audacity (http://audacity. softwaredl.net). Existen otros programas más avanzados que te permiten hacer algunas pruebas gratis y si es de tu satisfacción, entonces puedes comprarlo por un precio módico. Algunos de ellos son Goldwave (goldwave.com) y WavePad http://www.nch.com.au/wavepad/index.html

Cupones. Los cupones te permiten llevar un conteo fácil de los clientes que recibes directamente de la publicidad que haces. Los cupones pueden promover ciertos productos o servicios con precios especiales. El cliente va a tu negocio con la idea de recibir algo a cambio del cupón, y al momento de pagar su compra lo canjea. De esta manera, al final del mes podrás contabilizar cuantos cupones fueron canjeados y cual fuc tu ganancia cn la inversión que hiciste. Algunas cajas registradoras ofrecen un software especializado para escanear cupones al momento de pagar la compra, lo que te puede facilitar aún más el contabilizar los cupones canjeados. Los cupones pueden ser incluidos como parte de los otros medios de publicidad que uses. Por ejemplo, puedes incluir un cupón en tus anuncios de periódico o revistas, o si te publicitas en TV o radio pide a tu audiencia que diga el código "fulano de tal" al momento de pagar para recibir la oferta. En este caso tus empleados se harán cargo de contabilizar el numero de veces que el código fue mencionado. Si tu negocio ofrece ventas en línea, puedes incluir un cupón que puede ser canjeado al momento de hacer el pago (contacta a tu desarrollador web para detalles).

Ejemplos de productos en tu negocio. Ofrece ejemplos gratis de tu producto en tu negocio, así tus clientes podrán probar tu producto antes de hacer la compra. El permitirle probar tus productos a prospectos es también una excelente manera de recibir información a cerca de ellos que después podrás almacenar en tu base de datos y usarla en campañas de correo directo, telemercadeo o correo electrónico. El dar ejemplos de tu producto es también una excelente manera de recibir opiniones y sugerencias a cerca de tu producto o servicio.

Ofrece un producto más caro. Si vas a un restaurante de comida rápida, generalmente acompañan sus paquetes de comida con 3 opciones de refresco: chico, mediano y grande. Por alguna razón, cuando las personas estamos en una situación de compra y tenemos varias opciones de donde escoger, generalmente NO escogemos la opción más cara disponible, sino que escogemos la de enmedio. De igual manera cuando vas a comprar un auto, la gente generalmente no compra el auto más caro de la consecionaria, siempre comprará la opcion media, ni el más caro ni el más barato. Este mismo principio puedes aplicarlo a tus productos y servicios. Si estás buscando incrementar las ventas en un producto o servicio en particular, ¡inventa una opción más cara!. Si tu enfoque es aumentar las ventas en el producto B, entonces inventa el producto C, y enfócate en mercadearlo dejando saber a tus clientes que también existen las opciones A y B. Siempre presenta primero la opción más cara, y terminarán comprando la opción que tú querías originalmente que compraran.

Demostraciones gratis. Dale una probadita de tu producto o servicio al cliente antes de que compre. Existe una gran cantidad de métodos que puedes usar para hacer llegar una demostración de tu producto. Puedes ofrecer ejemplos gratis en tu negocio o en los negocios donde se vende tu producto. Puedes pedir a tu audiencia por medio de tus campañas publicitarias que llamen o entren a tu página web para solicitar ejemplares gratis. Si tu producto tiene un costo elevado y no puedes regalarlo, entonces puedes hacer una demostración gratis de la funcionalidad de tu producto en tu negocio, en la casa u oficina de tu prospecto. En el caso de intangibles, puedes ofrecer el uso de tu servicio gratis por un determinado periodo de tiempo o una consulta gratuita. En el caso de otros servicios, como planeación financiera o consultoría, puedes ofrecer una predicción de como sería la vida de tu cliente si decide contratar tu servicio. Recuerda que uno de los motores más poderosos para lograr que un prospecto compre, es hacerle sentir, pensar y visualizar que ya es dueño de tu producto o servicio antes de que en realidad lo sea.

Empaquetado. La presentación de tu producto es uno de los factores que más pueden contribuir a su éxito o fracaso. Un muy buen producto, cuyo empaquetado no atraiga las miradas y cause curiosidad en las personas que no lo han probado, tiene muchas posibilidades de terminar en el olvido. Ve a la tienda de supermercados y podrás ver una enorme cantidad de productos de excelentísima calidad, muchas veces mejores que los productos de marcas conocidas, pero que simplemente sus ventas no llegan ni a los talones de las marcas "superiores" debido a un empaquetado pobre.

El cambiar su imagen, renovar su logo o darle una apariencia nueva al empaquetado que ya usan, en muchos casos, puede hacer una enorme diferencia. ¿Cómo puedes saber si debes cambiar tu empaquetado? Puedes hacer algunos experimentos. Pide a alguno de los negocios donde distribuyes tu producto que te permitan poner una mesa experimental. En esta mesa, pondrás tu producto y otros 2 productos similares de la competencia. Para efectos del experimento, idealmente los 3 productos deberán tener el mismo precio. Observa a distancia las acciones de las personas al momento de tomarlos. Si las personas se ven más atraídas a los otros productos, entonces algo anda mal con la presentación del tuyo. Una vez que han hecho su elección, encuesta a los compradores para saber por que escogieron la otra marca y pon mucha atención a las respuestas. Algunas de las respuestas pueden ser: ya conozco la marca de mi elección, me llamó más la atención esta marca, o las otras marcas no me gustan. Colecta todas las respuestas y analiza los datos que obtengas. Si la mayoría de las personas escogen cualquiera de las 2 últimas respuestas, es momento de hacer un cambio en la imagen de tu producto.

Para realizar el diseño del empaquetado contrata a una agencia de diseño gráfico. Si tu empaquetado no es hecho en tus instalaciones, no permitas que la compañía manufacturadora de tu empaquetado haga el nuevo diseño. Es mejor contratar a alguien externo para que aporte una imagen nueva y fresca a tu producto. Antes de escoger el nuevo paquete deberás hacer un experimento similar al anterior. Pide a tu agencia de diseño que elaboren varios (3 o 4) diseños distintos. Pide crear varios ejemplos de los distintos modelos de empaquetado y ponlos a prueba. De nueva cuenta con alguno de los negocios que venden tu producto, pide la oportunidad de poner una mesa de prueba para poner en venta tu producto con los diferentes paquetes. De nuevo observa y colecta datos, el producto con el paquete que más se venda será el nuevo empaquetado permanente de tu producto. Este nuevo paquete deberá ser vigente no más de 2 años. Un producto con la misma imagen por más de ese tiempo se vuelve aburrido y da la apariencia de ser anticuado.

Etiquetas. El etiquetado de tus productos tiene una gran importancia a la hora que las personas deciden hacer una compra. Las etiquetas generalmente tienen dos funciones, enlistar el contenido o ingredientes de tu producto, y venderlo. Es por esto que es de vital importancia que la etiqueta frontal de tu producto sea llamativa para que atraiga la atención de los compradores. La etiqueta frontal debe contener el nombre del producto en grande y el nombre de tu compañía para que los compradores la asocien con el producto.

Incentivos de compra. Tus clientes quieren ahorrar dinero y siempre estarán en la búsqueda de hacerlo. Por muy leales que puedan ser a tu negocio, si encuentran tu mismo producto o servicio más barato en otro lugar, posiblemente terminarán despidiéndose del tuyo. El tener incentivos de compra es una excelente manera de retener a tus clientes sin necesidad de abaratar tus productos o servicios. Los incentivos de compra no son precisamente descuentos. Un incentivo de compra es ofrecerle a tu cliente que compre el producto o servicio que está buscando, acompañado de otro producto o servicio que puede complementar su necesidad por un precio más accesible o de manera gratuita.

Inventa un nuevo producto y ponle un nombre único. Pongo como ejemplo a una de mis compañías favoritas, Apple. Hace unos años cuando lanzaron al mercado su primer teléfono celular, no hicieron lo mismo que el resto de las compañías de telefonía celular, quienes al momento de lanzar un nuevo teléfono lo llamaban con un extraño número de modelo y hacen resaltar el nombre de la compañía manufacturadora o de la compañía proveedora del servicio. Apple fue un paso más adelante. Ellos no lanzaron un teléfono celular marca Apple, ellos lanzaron un producto, que aunque al final de cuentas es un teléfono celular, este es único en el mercado y ninguna otra compañía puede ofrecer. Ellos lanzaron al mercado el iPhone. Lo que es curioso, es que los usuarios de este novedoso aparato se refieren a el como su iPhone, no como su celular.

El crear un producto nuevo con un nombre auténtico y único le da a tu compañía un paso por delante de tu competencia. Tomando el ejemplo anterior, es imposible que compres un iPhone marca Motorola o marca Microsoft, solamente puedes comprar un iPhone de Apple. Entonces visualiza aquella idea que tienes para un nuevo producto e inventa un nombre distinto. Es cierto que el "inventar" un nuevo producto y hacerlo notorio en el mercado requerirá de mercadeo masivo, pero en este libro tienes más de cien ideas para hacer de ese nuevo producto uno que llegue a ser innovador y famoso. Ni si quiera tienes que inventar el producto, tal vez puedas tomar alguno de los productos o servicios que en este momento ofreces, darle un cambio de imagen y crear un nuevo nombre. Recuerda que es importantísimo registrar tus patentes y marcas. Para esto te recomiendo el libro "Exito Total: Herramientas de Súper Negocios", de Tanya Flores, y que lo puedes comprar en www.EvolutionPublishingHouse.com

Mesas. Uno de los recursos más desperdiciados por restaurantes y otros tipos de negocios que atienden a sus clientes en mesas son precisamente, las mesas. Tu cliente estará en una mesa un promedio de 10 a 20 minutos, por lo que la mesa es una de las avenidas principales por las cuales puedes incrementar tus ventas. Por ejemplo, en la mesa puedes tener un menú permanente para promocionar tus postres y bebidas (este menú no debe quitarse durante la estadía de tu comensal). Si el menú es a colores, tiene buenas fotografías y tiene una buena descripción de tus postres, tus comensales estarán viendo el menú desde el momento que se sientan a la mesa, y no podrán esperar a terminar su platillo para ordenarlo. Por el contrario, si presentas tus postres en el menú principal, al momento de que tus comensales terminen su platillo, posiblemente se habrán olvidado de tus postres, y partirán de tu restaurante sin probarlos.

Otra idea efectiva, es dejar volantes con descuentos en las mesas. Este tipo de volantes serán exclusivamente para tus clientes y no deberás distribuirlos a otras personas por ningún otro medio. El volante puede decir: "¡recibe un 15% de descuento en tu siguiente visita! Presenta este volante. Fecha de expiración: ultimo día de este mes". De esta manera, le darás un incentivo a tu cliente para que esté de regreso en tu negocio antes de que se termine el mes.

CREANDO UN EQUIPO
DE VENTAS GANADOR

Tu fuerza de ventas es uno de los factores más importantes de tu negocio. Si tu negocio es la jardinería, un restaurante, una tienda de abarrotes, o algún otro tipo de negocio donde nadie tiene el título de "vendedor" o "ejecutivo de ventas", y piensas que no tienes vendedores, estás totalmente en lo incorrecto. Todos los negocios, sin importar su naturaleza, tienen como frente un departamento de ventas. Este departamento de ventas pueden ser tus jardineros, tus meseras o tus cajeras. En otras palabras, todo aquel empleado dentro de tu negocio que tiene contacto con el cliente, es un vendedor en potencia. Es importantísimo que adquieras esta mentalidad y que entrenes a estos empleados como lo que en realidad son:

tu equipo de ventas.

Un equipo de ventas ganador no se crea por si mismo, para que de los mejores resultados debe de ser debidamente entrenado. Cada empleado debe saber que hacer y que decir al momento de estar en contacto con un cliente. Cada vez que un cliente visite tu negocio, debe sentir la confianza de poder dirigirse a cualquier empleado para que conteste sus preguntas. El mantener en constante entrenamiento a tu cuerpo de ventas te permitirá pulir sus habilidades y descubrir a personas dentro de tu organización que tengan la capacidad de asumir roles de mayor responsabilidad. Existen compañías que pueden entrenar a tus empleados para que den lo mejor de si mismos. Como parte del entrenamiento recibirán información de como atender a tus clientes, crecimiento profesional y motivación personal. Para esto quiero ponerme a tus ordenes. Como conferencistas, yo y mi equipo podemos entrenar a tu fuerza de ventas. Nosotros contamos con más de 40 años de experiencia combinada en muchísimas áreas relacionadas a las ventas, mercadotecnia, desarrollo empresarial y personal. Para más información visita CarlosFlores. net.

El proveer este tipo de entrenamiento a tu personal no solamente incrementará tus ventas, hará que aprecien su trabajo, le tendrán más "amor a la camiseta" y así disminuirás el porcentaje de rotación de personal. Es importante que hagas sentir a tu cuerpo de ventas como los dueños de la empresa. Tal vez como dueño de tu negocio esta idea no te agrade del todo, pero al hacer sentir a tu equipo dueños del negocio prestarán una mayor atención a todos los aspectos que tienen que ver con el.

Como incentivo para tu fuerza de ventas puedes implementar concursos, comisiones o bonos. Dales la oportunidad a tus vendedores de que ganen más, a cambio de que den mejores resultados.

También es clave definir la imagen que quieres que tu fuerza de ventas proyecte y enforzarla. Al final de cuentas, tu fuerza de ventas es lo que estará en mayor contacto con tus clientes y darán gran parte de la imagen del negocio. Una de las peores experiencias para todo cliente, es ser atendido por un fulano con las uñas largas y sucias, desfajado, sin rasurar y con los zapatos sucios. Es importantísimo que definas que es aceptable como imagen para tu negocio, algunos puntos que tu y tus empleados deben de saber son:

- Uniforme del negocio, ropa formal o vestimenta casual.
- Planchado de ropa, debe de estar debidamente planchada o no importa.
- Uñas. Para los varones siempre cortas y limpias, para las mujeres, define si pueden usar uñas largas.
- Aretes. ¿Son solamente permitidos en mujeres o también lo permites en hombres? ¿Cuantos aretes son permitidos por cada oreja, aceptarás aretes en otras partes del cuerpo a parte de las orejas? (nariz, lengua, cejas y labios)
- Bello facial. ¿Los varones en tu empresa pueden usar bello facial? y de ser así, ¿pueden usar barba completa, barba de cantado o bigote? En cualquiera de los casos, debe de ser propiamente arreglado.
- Aspecto de la ropa. ¿Las camisas deben de estar fajadas? ¿Escotes y faldas a que altura?
- Cabello. Que tipo de cortes de cabello y tintes son aceptados como imagen de tu cuerpo de ventas.
- Colores de vestimenta. Si tus empleados no cuentan con un uniforme, que colores son aceptables como parte de su vestimenta.

Cabe mencionar que no en todo tipo de negocios aplican

estos códigos de vestimenta. Por ejemplo, cada vez que voy a la tienda de artículos musicales a comprar cuerdas nuevas para mis guitarras, no me importa recibir atención de algún vendedor con cabello a la cintura, tatuajes y aretes por todos lados, sin rasurar y totalmente desaliñado. Para este tipo de negocios, un aspecto de "roquero" va muy acorde con su tipo de clientela y producto. A parte, estos vendedores son generalmente muy amables, atentos y son unos verdaderos expertos en el tema.

Guión de ventas. Si quieres que tú y tu equipo de ventas se conviertan en una maquina de cerrar tratos, entonces ármalos con un buen guión de ventas. Un vendedor experto sabe las palabras que va a decir a un posible comprador antes de pronunciar palabra alguna. Un equipo de ventas ganador tiene como aliado un buen guión de ventas, que como la palabra lo dice, será una guía al momento de atender a posibles compradores para llevarlos al tan buscado cierre de la venta. Si tus empleados atienden clientes pero no tienen el título de vendedores, también necesitan un guión de ventas. Un guión de ventas es necesario para todo aquel empleado y empleada que entra en contacto con un cliente: cajeros, meseros, representantes de servicio al cliente, recepcionistas y secretarias. El proveer con un guión de ventas a tu equipo le dará una guía para tratar con la clientela, y le dará una imagen de profesionalismo y superioridad a tu negocio. El guión de ventas debe dividirse en las siguientes partes:

• Saludo o bienvenida. Se debe de saludar o dar la bienvenida al cliente al momento de visitar tu negocio. Una sonrisa, un "hola buenos días", "que tal buenas tardes" o un "hola buenas noches", son indispensables. Debe de darse una bienvenida a toda persona que entre tu negocio, le hará sentirse bienvenido y cómodo al momento de hacer su compra. También en muchos casos es indispensable acercarse al cliente, presentarse, dar una tarjeta de presentación, preguntar si el cliente busca algo en particular y decirle en que parte del negocio lo puede encontrar. "Hola buenas tardes, mi nombre es Carlos, ¿qué le trae hoy por nuestra tienda? Ah, busca televisores. El departamento de televisores está al fondo a la derecha. Aquí esta mi tarjeta de presentación. ¿Porqué no se dirige al departamento de televisores, les da un vistazo a los modelos que tenemos, y lo veo en 5 minutos para contestar cualquier pregunta que pueda tener? Perfecto, nos vemos en 5 minutos". Este es un excelente ejemplo de una bienvenida profesional que llevará al cliente a una compra rápida y satisfactoria.

• Hacer preguntas. Se deben dedicar algunos minutos para hacer preguntas y calificar las necesidades del cliente. De esta manera se le podrá vender al cliente lo que necesita y se le podrán hacer las recomendaciones para satisfacer sus necesidades en particular. No hay peor venta que aquella en la que se le vende algo que no necesita el cliente. En cuestión de días u horas, el cliente estará de regreso en tu negocio, pidiendo un reembolso de su dinero y posiblemente no regresará después de haberse sentido abusado. Al momento de hacer estas preguntas, se debería tener en mano papel y lápiz para tomar la información del cliente y anotar sus necesidades. "Bien Sr. Prospecto, ya que vio nuestros televisores, si me permite me gustaría hacerle unas preguntas para poder recomendarle la mejor opción y tal vez ahorrarle un poco de dinero: ¿busca un televisor para su sala o para su cuarto?", "¿prefiere una televisión de plasma o una televisión regular?", "¿que tamaño preferiría para su televisión?, "OK, si prefiere las televisiones de 58 pulgadas, ¿ya cuenta con el mueble adecuado para instalarla?", "esta televisión será el cine en casa para su familia, ¿ya cuenta con un sistema de audio adecuado?"

• Hacer recomendaciones. Una vez que se tiene la información suficiente del producto o servicio que el cliente busca, se puede proceder a hacer recomendaciones acordes. Es importante conocer de pies a cabeza el producto o servicio que se recomendará. Si el vendedor o vendedora no se especializa en el producto o servicio que el cliente necesita, lo recomendable es referirlo a otro asociado de ventas o pedir asesoría. Al momento de hacer recomendaciones, se deben mencionar todas las opciones que encajan para cubrir las necesidades del cliente. Si el cliente siente que tiene varias opciones, sentirá que es él quien está tomando la decisión de compra en lugar de sentir que le están vendiendo.

• Ofrecer paquetes. Si se tiene la posibilidad de ofrecer otros productos o servicios relacionados al producto o servicio principal que el cliente está comprando, es el momento de recomendarlos. De esta manera, puedes ofrecer a tu cliente un mejor precio en el producto que estaba buscando originalmente y lograrás una venta mayor ya que el cliente se irá con dos o tres productos en lugar de uno. "OK, si no tiene el mueble para el televisor ni el sistema de audio, entonces le puedo recomendar estos equipos de alta definición y estos muebles. Le puedo ahorrar un 15% del precio del televisor en la compra del sistema de audio y el mueble. Esto le ahorrará $ 300 dólares a diferencia si comprara todo por separado".

• Contestar preguntas. Las preguntas que el cliente haga después de haber hecho recomendaciones y de haber ofrecido paquetes son señales de compra. "¿Cuando lo pueden entregar?", "¿estas son las únicas opciones que ofrecen?", "¿este es el mejor precio?", "¿tienes opciones de financiamiento"?. Es importantísimo prestar atención a estas preguntas, ya que guiarán el camino al cierre de la venta.

• Cerrar la venta. Una vez que se han hecho recomendaciones y contestado las preguntas, es tiempo de cerrar la venta. En este punto se debe colectar la información del cliente, o dirigirlo a la caja o centro de pagos para que se procese la compra. Es importante que el vendedor este ahí para contestar cualquier pregunta que pueda surgir.

• Seguimiento. Como parte del guión de ventas, es importantísimo que unos días después de hecha la venta, el cliente reciba una carta o llamada para dar seguimiento a la venta y solicitar referidos.

También es importante tener un guión de ventas para situaciones fuera de tu ambiente de trabajo. Por ejemplo, si tienes la oportunidad de conocer a alguien en una reunión familiar o evento profesional, debes de saber exactamente que le vas a decir a las personas a cerca de tu negocio cuando las conoces por primera vez. No se trata de venderle a la persona en el momento, se trata de en menos de 30 segundos explicar que es lo que haces e interesar a la persona en tu producto o servicio. No hay nada peor que encontrarte en la calle con un posible comprador y que por falta de preparación no sepas que decirle y dejar ir la oportunidad.

Debes de considerar que solamente unas horas después de haber hecho tu presentacion de ventas, tu cliente o prospecto olvidará el 90% de la información que le has dado. Es por esto que es escencial invitar al cliente o prospecto a tomar notas a cerca de su compra, o mejor aún, proverle material de apoyo como trípticos o folletos.

Excelente trato al cliente. Una de las cosas que más frustra a cualquier cliente, es entrar a un negocio donde es ignorado por completo. El vendedor anda por ahí cuchicheando con la recepcionista, la agente de ventas anda por otro lado pintándose las uñas, en fin. Lo peor del caso, es que esto se repite con demasiada frecuencia en un gran número de negocios. Indudablemente, el cliente al ver la falta de atención se va a otro lugar donde posiblemente le vendan más caro, pero le ofrecen mejor atención. Otra situación similar es cuando vas al supermercado promedio, la cajera ni se molesta por saludarte, mucho menos por sonreírte, solamente pasa los artículos por la caja registradora, te cobra, y sigue con el siguiente cliente, y así sucesivamente con los 100 o 300 clientes que atiende diariamente. En este tipo de casos, los clientes no se envuelven emocionalmente con el negocio, solamente van a comprar porque le ofrecen un mejor precio o porque el negocio le queda cerca.

Por otro lado, los negocios que ofrecen un excelente trato al cliente los envuelven emocional y afectivamente. Este tipo de trato incrementa la lealtad de la clientela, y con esto tus ventas. Como lo mencioné anteriormente, para que tus empleados ofrezcan un excelente trato al cliente, deben de ser propiamente entrenados. No asumas que por el simple hecho de cortarles un cheque cada quincena, tus empleados saben como deben tratar al cliente. Para que un atleta pueda llegar al nivel de la excelencia, debe de entrenar, entrenar y entrenar. Lo mismo sucede con tus empleados, si quieres que ofrezcan un excelente trato al cliente, debes prepararlos, prepararlos y prepararlos.

Rapidez. Al cliente no le gusta esperar más de lo debido para recibir tu producto o servicio. El cliente quiere el producto o servicio "¡ya!", sin que se comprometa su calidad. Esta es la base del crecimiento de muchas cadenas de comida rápida. El cliente llega, y en cuestión de minutos (muchas veces segundos) el cliente ya ha pagado por su orden y está sentado en su mesa disfrutando de su comida. El secreto detrás de la rapidez de este tipo de restaurantes es la especialización de sus empleados en una tarea en específico. En algunos de estos restaurantes, algunos empleados solamente cortan vegetales, otros solamente ponen la comida en los platos, otros solamente cocinan, y así sucesivamente.

Es indispensable que le des un vistazo a la maquinaria que pone tu producto o servicio en las manos del cliente y encuentres maneras de cortar el tiempo de entrega. Corta pasos innecesarios y prepara a tus empleados con la mentalidad de una planta de producción masiva, donde se especialicen en realizar una labor en específico.

8

ERRORES QUE DEBES EVITAR EN EL MERCADEO

Aunque el uso de mercadeo es indispensable para el éxito de todo negocio, hay cosas que debes evitar a toda costa. El mercadeo puede llevar tu negocio a las nubes o hundirlo para siempre. Para evitar que suceda lo segundo evita los siguientes puntos.

Mala reputación. Es totalmente falso eso de que "mala publicidad, es de cualquier manera publicidad, y toda publicidad es buena". ¡Falso! tu reputación es el sello de garantía de tu negocio. De muy poco te servirá invertir una enorme cantidad de dinero y tiempo en crear tu marca y hacerla distinguir en el mercado, si al momento de la verdad, tu negocio no entrega el producto tal como lo anuncias, no das el servicio que promocionas, tus empleados no tratan con amabilidad a la clientela, tu producto no funciona como debería, etc. Entonces el efecto de la publicidad se invierte y en lugar de beneficiar a tu negocio lo daña. Si tu cliente está satisfecho con tu producto o servicio, posiblemente no le dirá a nadie (al menos de que tu se lo pidas), pero si tu cliente está molesto con tu servicio, tu negocio, o tu producto, entonces se lo dirá por lo menos a 2 o 3 personas, sin que tu se lo hayas pedido. Como lo hemos mencionado, tus clientes pueden ser la mejor fuente de nuevos clientes, pero también pueden hacerte perder clientes actuales si tu negocio no cumple lo que promete.

Si le fallas a un cliente, o si uno de tus empleados o productos le ha causado descontento, habla con tu cliente y haz lo posible por remediar el daño de una forma satisfactoria. Te sorprenderá ver como es que en muchos casos, los clientes más leales son aquellos que después de haber tenido una mala experiencia en tu negocio regresan por haber recibido un trato especial al responder a sus quejas.

No crear un presupuesto. El presupuesto de mercadeo debe ser parte esencial de tu plan de negocios. El crear el presupuesto te dará límites en cuanto a la cantidad de dinero que puedes invertir. Hay negocios que se meten en serios problemas porque el dueño o gerente se pone a gastar dinero en material publicitario como si no existiera el mañana. Lo que sucede en muchos de estos casos, es que el mañana llega, y hay que pagarle a los empleados, proveedores, renta, pero ya no hay dinero porque se fue todo en publicidad. Evita este tipo de situaciones y crea tu presupuesto.

Demasiado presupuesto. Algunos otros empresarios si hacen un presupuesto por escrito, pero invierten demasiado de sus ventas en el presupuesto publicitario, y esto termina causando los mismos problemas del punto anterior. Para evitar esta situación, habla con tu contador y pide su opinión. Si tu contador te dice que no deberías gastar en publicidad, te recomiendo que busques un contador que tenga experiencia trabajando con negocios exitosos. Un contador que te recomienda no invertir en publicidad, posiblemente nunca ha visto un negocio crecer dentro de su cartera de clientes y tú no quieres ser parte de esa cartera.

Muy poco presupuesto. Si nunca has hecho un presupuesto publicitario para tu negocio y estás dispuesto a comenzarlo, ¡felicidades! ese es precisamente el punto de este libro, ayudarte a salir de tu zona de confort y comenzar el viaje al crecimiento de tu negocio. Si temes que invertirás demasiado dinero en mercadeo, puedes comenzar invirtiendo un 5% de tus ventas (no ganancias) totales durante el primer mes. Este porcentaje te ayudará a cubrir algunas cosas básicas, como volantes, tarjetas de presentación, anuncios para tu negocio, trípticos etc. Puedes ir aumentando un 5% cada mes por transcurso de 3 meses, hasta llegar a un 15% a 20% de tus ventas.

Cortar a todos los clientes con la misma tijera. Si piensas publicitar tu negocio en diferentes medios, y cada uno de esos medios se enfoca en diferentes mercados, evita reproducir los mismos anuncios y mismos mensajes en todos los medios. Cada mercado tiene gustos y necesidades diferentes, por lo que tus anuncios deberán de ser un reflejo de cada mercado en específico.

Mensajes no entendibles. Evita los mensajes poco claros y las metáforas. Tus mensajes deben de ser entendibles con facilidad, y deben proyectar lo que vendes de manera concisa y rápida. Recuerda que la persona promedio ve docenas de anuncios por día, y muy difícilmente dedicarán su tiempo a tratar de entender que es lo que tu anuncio significa.

Tecnofobia. La tecnofobia es una de las peores enemigas de los empresarios. Hay tantos recursos en línea, y tantas cosas que puedes hacer con el uso de una computadora, el internet y el correo electrónico, que si piensas que tu negocio tendrá éxito sin el uso de la computadora, seguramente, no lo tendrá. Hoy en día existe una enorme cantidad de recursos que hace meses no existían, y que pueden ayudar a tu negocio a estar en contacto con clientes y prospectos. Compra una computadora, aprende a usarla, y sácale jugo a la tecnología.

No crear un calendario de mercadeo. El crear un calendario anual de mercadeo te forzará a ser constante en tu publicidad y te ayudará a planear tus estrategias publicitarias con tiempo. Por ejemplo, una pésima idea es empezar el día 7 de mayo a preparar la publicidad del día de las madres. Una buena campaña de publicidad requiere tiempo, y las cosas "planeadas" de último momento, suelen terminar en desastre.

Comprar publicidad "barata". Al usar la palabra "barata", nos referimos a comprar cosas de baja calidad. Algunos de estos ejemplos son: fotocopias en blanco y negro, tarjetas de presentación en papel delgado, volantes en blanco y negro, anuncios de cartulina y anuncios hechos escritos a mano. Este tipo de publicidad lo único que ocasionan es darle una apariencia de poca calidad y baja credibilidad a tu negocio, te hacen gastar tu dinero totalmente en vano, ya que generalmente es más grande el gasto que las ventas que generan, y generalmente terminan en la basura. Si quieres que tus clientes te dejen ganancias, entonces invierte en productos y servicios de calidad.

No escribir tu plan de mercadeo. Pon por escrito tu plan de mercadeo y haz que las personas que participan sepan exactamente cual es su rol dentro del plan. El tener un plan por escrito te permite llevar un sistema mensurable de acciones y resultados.

El mercado en general. Si tu negocio esta en crecimiento, evita el mercado en general y expón tu negocio a los nichos pequeños de mercado que sirve. Antes de dominar el mercado general, debes dominar los pequeños nichos de mercado.

No definir quien llevará a cabo tu mercadeo. Tienes 3 opciones.

• Hacerlo tu mismo. Deberás disciplinarte para llevar todo el proceso de mercadeo. En mi experiencia, son pocos los empresarios que tendrán el tiempo o disciplina necesarios para llevarlo a cabo, pero existen excepciones donde el empresario se sumerge totalmente en todo el proceso de mercadeo y logran ejecutarlo de manera exitosa.

• Departamento de mercadeo interno. Si el presupuesto lo permite, contrata un experto o un equipo de expertos en el tema para que se genere todo el proceso de mercadeo internamente. En ciertos casos, el crear un departamento de mercadeo interno requerirá de la contratación de varias personas: diseñador grafico, web master, gerente de mercadeo, fotógrafo etc.

• Outsource. Contratar una agencia de publicidad o diseño que se encargue de la tarea. Esta es una excelente opción si buscas hacer crecer tu negocio y mercadearlo constantemente, pero no cuentas con el presupuesto para crear tu propio departamento interno de mercadeo. Una excelente opción de compañía que te puede ayudar en la creación de todo tu proceso de mercadeo es MangoCreativeStudios.com.

9

PROTEGE TU INVERSIÓN

Es un hecho, después de haber invertido tiempo y dinero en crear una marca, mercadearla, hacerla famosa y sacarle jugo en ventas, siempre habrá algún "inteligente" que querrá copiar lo que has hecho. Es importantísimo que protejas la identidad de tu negocio, después de todo fuiste tú quien invirtió el dinero y tiempo para crearlo, y ningún copión debe de tomar ventaja de tu trabajo. Todo el contenido intelectual que sea parte de tu negocio es propiedad de tu empresa, pero debes saber protegerlo para que nadie piense ni siguiera en copiarlo.

Copyright. La traducción literal de la palabra "Copyright" es "derechos de copia". Básicamente el término se refiere a la compañía o persona que tiene el derecho de copiar cierto material, que pueden ser fotografías, ilustraciones, texto y demás elementos visuales. Para registrar este tipo de material visita la página copyright.gov (para Estados Unidos) o www.indautor.sep.gob.mx (para México) para registrar tu trabajo. Una vez registrado deberás proteger el material, lo cual se puede hacer simplemente incluyendo una nota al pie de todo tu material publicitario que lea: "Copyright 2010, Mi Negocio Incorporated", o "Copyright 2010, Mi Empresa

S.A de C.V. todos los derechos reservados. La copia de este material está estrictamente prohibido."

Reproducción de arte. Si cuentas con un departamento de mercadeo interno en tu negocio, básicamente tu negocio tiene los derechos de reproducción del arte. Si usas una agencia de diseño o una agencia de publicidad, discute con ellos antes de firmar quien mantendrá los derechos de copia, no asumas que por pagar por sus servicios, tú tendrás los derechos. Si quieres retener los derechos de copia de tu material, asegúrate de firmar un contrato que especifique quien retendrá los derechos de copia del arte y que se te proporcionará una copia en alta resolución de todo el material creado en un CD o por medio de correo electrónico.

Registra un tu marca. Si pones atención en los nombres de marcas famosas, notarás los símbolos ™ y ®. Estos símbolos son sellos que protegen las marcas contra ser copiadas indebidamente. Al usar estos símbolos como parte de la imagen de tu negocio lo protegerás de copiones y le darás un toque de credibilidad a su imagen corporativa.

Dentro de los elementos que pueden ser registrados para tu negocio se encuentran: nombres de negocios, productos, diseños, imágenes, ilustraciones, recetas, procedimientos, servicios, palabras, símbolos, logotipos e imágenes. Busca la asesoría de un abogado que ayude a determinar si registrar una marca es lo ideal para tu negocio, y que pueda ayudarte con el proceso. Las reglas en cuanto al registro de una marca varían en cada país, por lo que buscar asesora legal local es tu mejor opción.

CONCLUSIÓN

El arma de mercadotecnia más poderosa es el tener una visión clara de lo que tu empresa puede llegar a ser. Toda empresa exitosa surgió primero en la mente del emprendedor que la llevó a cabo, y al tener una visión clara pudo hacer lo necesario para llevarla a la realidad.

No se trata de abrir las puertas y ver hacia donde te lleva el destino. Los empresarios de éxito no llegaron a la cima por casualidad, ni por suerte. Llegaron por su visión y su convicción para lograr sus metas.

¿En dónde estará tu negocio en 5 años?
Una gran mayoría de empresarios no tienen ni idea de la respuesta a esta pregunta. No se trata de querer adivinar el futuro, sino de tener una visión clara de saber exactamente a donde quieres que llegue tu empresa.

¿En donde estará tu negocio en 5 años?
Sueña y piensa en grande. No te preocupes por el cómo llegarás ahí, solamente sueña. Una vez que tengas la respuesta a esta pregunta escríbela, enmárcala y ponla en un lugar donde la puedas ver constantemente.

Lucha por esa meta, sin que la economía del país, la situación política o cualquier otra excusa sea el factor determinante para que la logres.

Vive hoy como si esa meta ya fuera una realidad, y el mundo moverá sus piezas para ayudarte a alcanzarla.

Espero que encuentres un enorme valor en el contenido

de este libro, pero sobre todo, que sea una herramienta que te ayude a lograr en tu negocio el mayor éxito profesional de tu vida.

La desición más importante que puedes tomar en tu vida, es atreverte a seguir tus sueños hasta lograrlos. Te deseo que seas imparable, y que logres convertirte en la persona más grandiosa que puedes llegar a ser.

¡Hasta pronto!

Carlos Flores

A CERCA DEL AUTOR

Carlos Flores.
Empresario, escritor y conferencista.

Los comienzos de Carlos en el mundo de los negocios se remontan a sus años de temprana adolescencia, siendo a los 13 años cuando descubrió su pasión por el arte del diseño gráfico y las comunicaciones visuales.

De igual manera a una temprana edad comenzó su propia empresa, una agencia de mercadotecnia encargada en ayudar a empresas con sus necesidades de productos de imprenta, creación de imagen corporativa, desarrollo de campañas de publicidad, estrategias de mercadeo y ventas, y desarrollo de portales en internet.

Carlos es consultor en mercadeo, y ha sido la mente creativa detrás del éxito de cientos de empresas a quienes ha ayudado a incrementar sus ventas. Carlos también es conferencista, y ofrece seminarios en temas de negocios así como conferencias de crecimiento y desarrollo personal.

Carlos es felizmente casado y a la fecha espera el nacimiento de su primer bebé. Para saber más a cerca del autor o contratar sus servicios, visita CarlosFlores.net.

CONTACTA AL AUTOR

Déjanos saber tus comentarios, ideas y sugerencias de temas para futuras ediciones. El autor puede ser contactado en la siguiente dirección electrónica:

sugerencias@CarlosFlores.net

Comparte tu historia y podría ser publicada en futuras ediciones de este libro.

También puedes seguirlo en cualquiera de sus páginas sociales:

Facebook.com/CarlosFloresYes
Twitter.com/CarlosFloresYes
YouTube.com/CarlosFloresYes

¿Buscas ideas para aumentar tus ventas?

Si quieres que tus clientes y prospectos piensen que tu negocio es el mejor de todos, entonces todo tu material promocional debe ser de la más alta calidad.

Somos una imprenta en línea especializada en ofrecer los **productos impresos** de la más **alta calidad** a los **precios más bajos.**

Con solo unos cuantos clicks, podrás comprar cualquiera de nuestros productos y recibirlos en tu casa u oficina en cuestión de días.

Nuestros productos

- Tarjetas de presentación
- Pancartas
- Calendarios
- Volantes
- Revistas
- Periodicos
- Libros

- Menus
- Trípticos
- Anuncios
- Catálogos
- Magnetos
- Posters
- ¡y mucho más!

Contacto
MangoPrinting.com

www.MangoPrinting.com • sales@MangoPrinting.com
Tel: 866-744-6820 Fax: 312-896-5559

Como te ven te tratan.

Es por esto que la imagen de tu negocio debe proyectar credibilidad, confianza y profesionalismo.

Somos una agencia creativa especializada en ayudar a empresas a crear, pulir y mantener su identidad.

Cada empresa con la que trabajamos experimenta aumentos radicales en sus ventas, por lo que nuestros servicios lejos de ser un gasto, son una de las inversiones más poderosas que puedes hacer para tu negocio.

Nuestros servicios

DISEÑO GRAFICO
- Diseño de logotipo
- Creación de marcas
- Diseño gráfico general

PUBLICIDAD
- Creación de anuncios publicitarios
- Creación, desarrollo y manejo de campañas publicitarias

DESARROLLO WEB
- Desarrollo y diseño de páginas web (portales, sitios corporativos, páginas personales, blogs y tiendas en línea)
- Campañas publicitarias por correo electrónico
- Publicidad en redes sociales (social media)
- S.E.O. (posicionamiento en buscadores)
- S.E.M. (publicidad en buscadores)

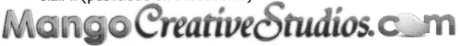

www.MangoCreativeStudios.com
sales@MangoCreativeStudios.com
Tel: 866-744-6820

VISITA NUESTRO WEBSITE PARA MATERIAL EXCLUSIVO

Visita CarlosFlores.net/formas y ten acceso a material exclusivo para lectores de este libro. Este material te ayudará a tomar acción inmediata y llevar tu negocio al siguiente nivel. En esta sección encontraras formas en formato PDF , Microsoft Excel y Microsoft Word que podrás bajar e imprimir para tu uso personal y uso de tu empresa.

Algunas de las formas que puedes acceder de manera totalmente gratis son:

- Calendario anual de mercadeo.
- Presupuesto de mercadeo
- Comunicado de prensa
- Plan de acción para atraer nuevos clientes.
- Plan para retener a clientes actuales.
- Estudio de mercado.
- Análisis F.O.D.A.
- Y mucho más material valorado en cientos de dólares... totalmente GRATIS.

Visita:
CarlosFlores.net/formas

RECIBE OFERTAS EXCLUSIVAS DE NUESTROS SOCIOS

Nos hemos asociado con muchas empresas que proveen los productos y servicios descritos en este libro y hemos hecho en nuestro website una lista completísima de productos y servicios que puedes utilizar para aumentar tus ventas. Algunos de los servicios que podrás encontrar en nuestra sección privada de socios son:

- CRM (control de manejo de clientes)
- Email marketing
- Encuestas por correo electrónico
- Compra y renta de fotografía e ilustraciones
- Compra y renta de soundtracks
- Sistemas contables
- Sistemas de llamadas telefónicas en masa
- Registro de dominio para tu página de internet
- Creación de cuentas de email profesional
- Electrónicos
- Productos de oficina
- Publicidad por mensajes de texto a celulares
- ¡y mucho más!

No tienes que buscar, solamente visita:

CarlosFlores.net/socios

VISITA NUESTRA
PÁGINA WEB

EvolutionPublishingHouse.com

Para una lista completa de otras obras escritas
por nuestros autores.

Somos una casa editorial comprometida con
la publicación de obras destinadas al crecimiento
personal y desarrollo empresarial.

Si eres escritor y buscas publicar tu obra,
escríbenos a:
escritores@EvolutionPublishingHouse.com